だいわ文庫

「女を楽しませる」ことが男の最高の仕事。

中谷彰宏

大和書房

01

女に積極的にされて、引いてはいけない。

余裕があるのは女のほうです。

いい女は、余裕があります。

いい女は、今までさんざん口説かれているので、たまには口説いてみたくなるのです。

受け身の楽しみ方がわかってくると、こんどは能動的な楽しみ方をしてみたくなります。

能動的な楽しみ方を体験すると、こんど受け身になった時に、その楽しみ方が、より深くわかるようになります。

これは恋愛に限らず、すべてのスポーツ、習い事にも当てはまります。

女も、口説かれるばかりではなく、口説く楽しみも味わってみたいのです。

ちょっと前までは、男が「今日、泊まってく?」「エッチしよう」と誘うと、女はかたくなに拒否したものでした。

断られた男は、そこでもう引いていました。

「なんだよ、じゃあ、もういいや。会わないよ」

「もう誘わないよ」

と言う男が多かったのです。

相手が大人の女の場合には、女性のほうが積極的で、男が引くというパターンもありました。

でも、最近は違ってきています。

若い女性が積極的になって、男が引く例が多くなっているのです。

僕のまわりは、みんな積極的な女性ばかりです。

「どうして引くのかなあ」

と言う彼女たちは、男を口説くのは当たり前だと考えています。

女にも、口説く楽しみと、口説かれる楽しみの両方があるべきです。

引く男は、男が口説くものと思い込んでいます。

口説かれるのは負けだ、男のプライドが傷つくという勝ち負けの発想を持ち出します。

主導権を持てないことを嫌って、引いてしまう男は情けないです。

大切なのは、楽しんでもらうことです。

男も、口説かれる楽しみを味わうことです。

男が口説かれる状況は、年上の女とつきあう場合にはあっても、今までの古い日本の社会では、あまりありませんでした。

僕は、カリフォルニアで、男が口説かれる状況を初めて経験しました。

ロサンゼルスにいる人、アメリカナイズされた人たちは、女が男を口説きます。

そうしなければ、いい男がつかまえられないという現実があるのです。

僕も、ごはんを食べていて、「どうしよう。なんかそういう雰囲気に持っていかれているぞ」ということがわかるようになりました。

男でも、「ここで断ってもシラけるし……」とモードを切りかえて考えざるを得ない状況になったのです。

これは、日本では女性が考えることでした。

ゲイに口説かれた時にも、「この場をどう逃れよう。シラけるから、1回ぐらいはいいかな」と考える余裕を持つことです。

男が口説き、女は口説かれるものという役割分担をしてしまう人は、こういう場に追い込まれたことがないので、シミュレーションができません。

攻めには強いけど守りには弱いという人は、ここで引いてしまうのです。

最高を目指すビジネスの法則

01

女から口説く喜びを、教えてあげよう。

最高を目指す61のビジネスの法則

1 □ 女から口説く喜びを、教えてあげよう。
2 □ 「楽しい」を、プレゼントしよう。
3 □ 「守られている安心感」を、プレゼントしよう。
4 □ 「おいしいね」と言われたら「おいしいね」と返そう。
5 □ ウケないことは、2回以上繰り返さない。
6 □ ツッコむより、ノろう。
7 □ 企画には、悪ノリしよう。
8 □ 感じさせるより、楽しませよう。
9 □ 感じさせるより、笑わせよう。
10 □ 「何を食べたか」よりも「楽しかったか」を思い出そう。

11 □ 理屈より、興奮をプレゼントしよう。
12 □ 買い物に、楽しくつきあおう。
13 □ ウンチクを語るヒマがあったら、共感しよう。
14 □ 反論するヒマがあったら、共感しよう。
15 □ 説教するヒマがあったら、共感しよう。
16 □ エッチよりも、食事で感じさせよう。
17 □ 勝ち負けよりも、楽しさにこだわろう。
18 □ デートでは「最後までいったかどうか」より、「楽しませたかどうか」を大切にしよう。
19 □ 「射精しないエッチ」をしてみよう。
20 □ 手抜きをしないようにしよう。
21 □ 楽をしないようにしよう。
22 □ 「あの人となら、どこでもいい」と言われるように努力しよう。
23 □ 「火」のような「言葉」をプレゼントしよう。

24 □「かわいい」に、共感しよう。
25 □「王様ゲーム」をするより、彼女の王様になろう。
26 □「30秒の電話」をかけよう。
27 □グチ・悪口・自慢・ため息をやめよう。
28 □エッチした直後に、電話しよう。
29 □刺激と安心のワンセットで、プレゼントしよう。
30 □愛情を、まぶそう。
31 □ちょっとでも、送ろう。
32 □お目当て以外の女の子にも、優しくしよう。
33 □奥さんや恋人の悪口を言わないようにしよう。
34 □奥さんや恋人がいることを、隠さないようにしよう。
35 □オープンにしよう。
36 □2人の秘密は、守ろう。

37 □ 実行するつもりのない約束は、しない。
38 □ 男に生まれ変わったら、なりたいような男になろう。
39 □「どこが好きか」を、正確に知ろう。
40 □「さわる」のではなく、「抱きしめ」よう。
41 □ 抱きしめる時は、包みこもう。
42 □ 抱きしめる時は、手の力を抜いて、足に力を入れよう。
43 □ あらゆるもので、女を包みこもう。
44 □ 胸で、相手の話を聞こう。
45 □ 眠りこんでも、腕枕をはずさない。
46 □「にじり寄る」より、大胆に引き寄せよう。
47 □ 口説く時は、堂々と口説こう。
48 □ 別れ際に抱きしめるより、会ってすぐ抱きしめよう。
49 □ ボンヤリした男にならない。

50 □ 余裕とボンヤリを区別しよう。
51 □ モテる男は、モテない男より努力をしよう。
52 □ 「警戒される男」になろう。
53 □ 「許されないこと」を許してあげよう。
54 □ キスするより、キスさせてあげよう。
55 □ エッチしている時は、質問ではなく、感激を伝えよう。
56 □ 男も「気持ちいいこと」を知ろう。
57 □ タクシーの運転手さんやコックさんまで、笑わせよう。
58 □ みんなの前で、お姫様にしてあげよう。
59 □ 「そんなことも、いいの」と言わせよう。
60 □ 「いい男は足りない」と覚悟しよう。
61 □ 女にも男を口説く快感を教えてあげよう。

「女を楽しませる」ことが男の最高の仕事。　目次

第1章
デキる男は、相手の欲しいものを提供できる。

第2章

デキる男は、人生の楽しみ方を知っている。

第4章

デキる男は、目の前の1人に集中する。

第5章

デキる男は、ちょっとした手間を惜しまない。

第6章

デキる男は、男らしさで勝負しない。

第7章 デキる男は、「いけないこと」に挑戦する。

ボンヤリしている男より、
悪事でも一生懸命な男に、
女は生命力を感じる。――175

「いい女がいない」という男は、
人生のボンヤリコースにはまっている。――177

「エッチに興味がある」も、
いい女の条件。――180

「あの男には近づかないほうがいいよ」
という男に女は近づき、
忠告した男から離れる。――183

してはいけない人こそ、
してあげよう。――186

第8章 デキる男は、いい女に遊ばれるのが本望。

女のガマンしてできなかったことを、
してあげよう。——203

「彼がいること」と
「エッチに満足していること」は違う。——207

ヘナチョコ男は、経験のない女を選び、
いい女は、経験のある男を選ぶ。——209

「こんなことも
こめてい」
と笑わせたい
中谷彰宏

あきひろ

【この本は3人の人のために書きました】

①女性を楽しませるのが、大好きな男性。

②女性で修行して、仕事でも成功したい男性。

③今の恋人より、もっといい男と恋をしたい女性。

第1章

デキる男は、相手の欲しいものを提供できる。

女が求めていることは、2つ。「楽しい」と「守られている」。それ以外は、覚えていない。

男が「女が男に求めていると思っているモノ」と、女が「本当に求めているモノ」にはズレがあります。

女が求めていることは、2つです。

① 楽しいこと
② 守られていること

男は、「女はモノを欲しがる」「ワガママだ」と言います。
それは、女の求めているモノを勘違いしているからです。

求めているモノに応えようと、自分が一生懸命やっているのに、女は「もっともっと」と言って、満足してくれない。

それをワガママだと感じているのです。

でも、ちゃんと求めているモノを提供できれば、女はすごく喜んでくれます。

つまり、男が女の求めているモノを理解すればいいのです。

女の求めているのは、「楽しい」と「守られている」です。

この2つを感じられたら、女は満足なのです。

「楽しい」には、「おいしい」も入ります。

「気持ちいい」も入ります。

そういうのを全部含めての、「楽しい」です。

ところが、「楽しい」という感覚自体が、たいていの男の中にはありません。

「楽しい」という感覚器官がないのです。

男にとっての「楽しい時間」は、「満足させてやっている時間」です。

これでは、自分は楽しめません。

「一緒に楽しむ」という感覚が持てる男は、すごくモテます。

もうひとつの「守られている」の要素には、「ずっと長く」ということが入っています。

それが「安心感」になります。

最高を目指すビジネスの法則 02
「楽しい」を、プレゼントしよう。

03
お化け屋敷では、レディーファーストにならない。

女からすると、一瞬は守ってくれているけれども、次の瞬間はもう守られていないということがあります。

たとえば、お店に入る時。

レディーファーストのフリをして知らない店に先に入らせるのは、守っていることになりません。

男が店に入るのが恥ずかしくて、女を先に入れているだけです。

これは、お化け屋敷で先に行かせているのと同じです。

お化け屋敷のレディーファーストはおかしいです。

学園物のお化け屋敷で、「トイレのドア」がありました。

個室のドアのどれかに次の部屋に続く道がありました。

でも、正解以外にはお化けがいます。

そこで、「君、開けて」と言うのは、レディーファーストではありません。

「レディーファースト」という言葉を勘違いしているのです。

逃げているのです。

レディーファーストは、女を先にすればいいということではありません。

これには、経済的なこと、お金のことも含まれています。

たとえば、「今日はごちそうしてくれるんだな」と思っていたのを、「5000円でいいや」と言われたら、女の「守られている」感は下がります。

「えっ、なんで？　5000円払うの？」

原始時代には男がエサをとってきて、女と自分の子供を守りました。

それと同じように、女は男に守られたいのです。

しかも、「5000円でいいや」と言う中には恩着せがましさがあります。

恩着せがましいのは、守られている感じがありません。

今日はごちそうしてもらえると考えていたのに払わなければいけない状態で

は、守られていないのです。

最高を目指す
ビジネスの法則

03

「守られている安心感」を、プレゼントしよう。

04

女が笑うのは、面白い時ではなく、「楽しい」「守られている」時。

面白いことを言えば女は笑うと考えていると、オヤジギャグになります。

オヤジも頑張っていますが、どういう時に笑うかという解釈が間違っています。

女は、楽しい時に笑うのです。

笑いには2段階あります。

おいしいものを食べて「おいしい」と言った時に、笑っています。

これが1段階め。

それに対して、「おいしいね」と男が反復した時に、共感できて、もう1回笑います。

これが2段階め。

この2段階の笑いで、笑いは完成します。
「おいしい」と言って笑った時、女は笑いを誘っています。
男は、その誘いにのればいいだけなのです。
女に「おいしいね」と言われて「おいしいね」と返せる男は、ほとんどいないのです。

最高を目指す
ビジネスの法則

04

「おいしいね」と言われたら「おいしいね」と返そう。

05

オヤジギャグは1回まで。2回以上は犯罪である。

オヤジギャグは、苦痛です。

笑うことを強要しておきながら、自分は笑っていないから、女にとっては苦痛になっていきます。

オヤジギャグを連発する男には、面白いことを言う自分は偉いだろうという姿勢があります。

オヤジギャグは、相手を突き放しています。

そうなると、女には守られている感がありません。

安心感がないと笑えません。

「ここは笑わなくてはいけないんじゃないか」という気がして笑うのです。

オヤジギャグを1回言う男は、まだ許されます。

でも、オヤジギャグは、1回では終わりません。

こういうことは続けてはいけないというモニターがないのです。

どんなギャグでも相手の好みがあります。

こういうのはウケないなとわかったら、それ以上やってはいけません。

それが、引き出しがいっぱいあるということです。

ところが、引き出しのない男は、「なんでこのギャグが、わからないんだろう」と考えて、通じないのに、続けてしまうのです。

それが面白くないということを、組織の中にいる男は気づきません。

組織の中では、上司が言ったら、部下は面白くなくてもウケるのです。

そうすると、「いつもウケているのに、なんでこの女にはウケないんだ、それは、この女のユーモアのセンスがないからだ」と考えてしまうのです。

本当はいつもウケていないのです。

いつもは、取引先や部下が大げさに「うまい！」と言っているのです。

「うまい」は、ウケていません。

ウケたら笑います。

笑いに関して「うまい」と言うことは、ウケていない何よりのあかしなのです。

最高を目指すビジネスの法則

05

ウケないことは、2回以上繰り返さない。

06
女は「ノる」のがうまい。男は、すぐ「ツッコん」でしまう。

女性の話にはノることです。

男はツッコんでしまいます。

ツッコむことは、切ることです。

「やめなさい」とか、「そんなことはない」「そんなバカな」と言ってしまうのです。

笑いは、ノッていくことです。

関西人が面白いのは、ノリが長いのです。

つまり、二人でボケていけるのです。

大阪ではお笑い芸人だけではなく、素人の会話でも、みんなボケてノッていけるのです。

これが長く続けば続くほど、ラリーと同じで楽しいのです。

ツッコミを入れるのは、ボケた本人です。

「とめろよ」と、ボケた人が必ず切ります。

ところが、東京の場合は、誰かがボケたら、隣がすぐツッコんでしまいます。

誰か面白いことを言ったら、「ああ、面白い」とみんなすぐおりてしまうのです。

「面白い」と言うのは、もうおりています。

ある設定が始まったら、その設定につきあっていくことが必要です。

エッチもそうです。

エッチで、ある設定プレイに入ったら、それにノッていくことです。

まじめでもボケでも、どれだけノッていけるかが大切です。

今までふざけていて、急にまじめな話になった時に、「何マジになっているの？」と言ったら、話が切れてしまいます。

まじめモードに入ったら、それにノッてまじめな話をすればいいのです。

ふざけた時に、「今、まじめな話をしているんだからふざけないで」と言われると、そこで切れてしまいます。

相手がモードを切りかえた時、そのモードを切り捨ててはいけません。

そのモードにノッていくことが大切です。

これが共感です。

ポーカーと同じで、誰かが1人レイズをしたら、そのチップに勝負でノッていけばいいのです。

自分から面白い話をする必要はまったくないのです。

最高を目指すビジネスの法則

06 ツッコむより、ノろう。

07 いい企画は「悪ノリ」から始まる。

女にモテる男は、仕事で、企画を考える達人です。

相手が面白い話をし始めて、ボケたりしたら、そのボケをツッコまないで悪ノリしていくのです。

これは、企画会議とか、ブレストをする時にも大切なことです。

悪ノリから新しい発想が生まれるのです。

ところが、すぐツッコんでしまうのです。

ツッコむと、アイデアはそこで終わりです。

ツッコんでいいのは、一番最初にボケた人だけです。

関西人は素人でも、会話のテンポのよさ、長さは、誰もがそれにノッていくので、シラケさせません。

冷静な客観的な立場です。

女性のほうがノるのがうまいのは、共感できるからです。

「それはすごい」とか、「君は偉い」と言うのは、ノッていません。

突然、評価する側にまわっているのです。

「すごい」というのは、上から見下ろした評価です。

男は相づちがヘタです。

相づちではなくて、自分がもっと気のきいたことを言おうとするのです。

君よりももっと気のきいたことが言えると、そこでも勝負しているのです。

特に、好きな女性の前では、いいところを見せようと頑張りすぎてしまうのです。

でも、男だけの組織の中にいると、男性はすべて女性化していきます。

「××ちゃん」と呼び合ったりする現象が起こります。

「××ちゃん」と呼び合う現象は、誰かがオヤジギャグを言ったら、みんなでノッていくようになるのです。

男同士ではノれるのです。

ところが、女性の前ではいいところを見せようと頑張るのです。
いいところを見せようと頑張ることが、あまりいいところになっていないのです。

最高を目指す
ビジネスの法則

07

企画には、悪ノリしよう。

08

エッチで求めることも、「楽しい」「守られている」。

女が、エッチで求めることも、「楽しい」と「守られている」の2つです。

僕は、エッチの時に笑ってくれる女性が好きです。

「エッチの時に笑う」と言うと、あまり理解してもらえません。

特に男は理解しません。

「そんなところでギャグを言うのですか」と聞いてきます。

ギャグも言いますが、そうではありません。

「おいしい」と言う時に笑うことがわかっていれば、気持ちいい時にも笑うのです。

これは、男もやっています。

ゴルフの試合が終わった後に、お風呂に入ってビールを飲む時、「っあーっ！」と笑っています。

それと同じです。

いつもビールを飲む時にするわけではありません。

みんなでゴルフをして、ギリギリいっぱいで負けて悔しかったのです。

でも、みんなでお風呂に入って、その後に飲むひと口めのビールが「っあーっ！」と言わせるのです。

ヒゲのようについている口のまわりの泡も取りたくない気持ちです。

でも、何杯も飲んでいたら、普通のビールに変わってきます。

あの1杯めは、ただ飲み物を飲む、水分を補給することではなくて、今日1日の行為のひとつの完結なのです。

サウナに入って、汗をびっしょりかいて、その後飲むのがおいしいのです。

これが「っあーっ！」という笑いになるのです。

味はあまり関係ありません。

エッチの時に笑ってくれるのを求めるのは、楽しさを感じてくれている、守られ感を感じてくれていることがわかるからです。
ちゃんと笑ってくれると、僕もうれしくなります。

最高を目指すビジネスの法則

08

感じさせるより、楽しませよう。

09

感じているフリはできても、笑うフリはできない。

女が感じたフリをしていることに、男は気づいていません。
笑いの中には、笑い声が出る笑いと、笑い声が出ない笑いがあります。
この2つのどちらも笑いです。
笑い声が出ていないから相手は笑っていないと考えてはいけません。
エッチで間違った解釈をする男は、女を物理的にイカせようとします。
眉間にシワを寄せた、苦悶《くもん》の表情を求めてしまいます。
それだけが女を感じさせることだと考えているのです。
そうなると、女にそのフリをされます。
眉間にシワを寄せて感じているフリは、演技でできます。
男はこれに簡単にだまされるのです。

そういう男はそうしておけばいいのです。

ところが、笑うフリはできません。

どう転んでもウソ笑いになります。

くすぐったいという感情でなぜ笑うのでしょうか。

赤ちゃんをくすぐると笑います。

犬も、「ヨーシ」と言ってくすぐると笑います。

それは、「楽しいこと」と「守られていること」の両方を体で感じられるからです。

エッチで笑うのと、くすぐられて笑うのは、同じです。

くすぐられた時、「やめて、やめて」と言います。

くすぐるのをすぐやめられても、つまらないものです。

くすぐられる行為は、誰にされるかが大切です。

痴漢がやっている行為と恋人同士でやっている行為は、行為自体にたいして差はありません。

でも、「誰に」というのが大切です。

一緒にいて楽しい人、守ってくれている人にさわられた時に初めて感じるのです。

男は、「誰に」は関係ありません。

楽しいという感情がないので、「誰と」はないのです。

そういう時は、妙に自分中心なのです。

自分がさわることが大切なのです。

男は誰をさわっても同じですし、誰にさわられても同じです。

「誰に」という感覚があまりありません。

最高をを目指す
ビジネスの法則

09

感じさせるより、笑わせよう。

第2章

デキる男は、人生の楽しみ方を知っている。

思い出話をする時は、事実よりも、感情を思い出そう。

男は「事実主義」です。

女は「実感主義」です。

感情中心なのです。

ですから、2人の記憶が違います。

男の記憶は、事実が並んでいます。

「どこどこに行った」

「何々をした」

「何々を食べた」

「いくらだった」

「高いプレゼントを買ってやった」

となっています。

ところが、女の記憶は、感情が並んでいます。

「何月何日、楽しかった」

「何月何日、ちょっと寂しかった」

となっています。

一緒にデートしても、２人のデートに対しての記憶はズレています。

女性と一緒にレストランに行って、「何がおいしかった？」と聞くのは、実はムリがあります。

トータルでおいしかった時は、彼女の頭にはデザートしか出てきません。

今食べたモノだけの記憶しかなくて、メインディッシュはおろか、前菜となると何のことやらわからないといっても過言ではありません。

彼女の脳のシステムが異常をきたしているわけではありません。

むしろ、それが正しい反応なのです。

何を食べたかを覚えているのは、おいしくなかったからです。

「おいしかった」という感情があると、何を食べたかは忘れてしまいます。

おいしかった上に、一緒に話をしたことがもっと楽しかったとなると、「楽しかった」に「おいしかった」が吸収されてしまいます。

そうすると、おいしいとかおいしくないよりも、「楽しかった」が勝ってきます。

楽しかったというのは、気持ちいい、おいしいも全部含めての感情です。

最高を目指すビジネスの法則

10

「何を食べたか」よりも「楽しかったか」を思い出そう。

11

女は本を読んでも、内容より興奮が残る。

女の日記には、事実はありません。

感情だけがあるのです。

たとえばレストランに行った日のこと。

「何がおいしかった」「前回は何を頼んだ」ということは、女性の日記には書かれていません。

ただし、その時に「誰と」というのは残っています。

だから、「○○さんといる時は楽しかった」とか、「××さんとは楽しくなかった」ということは残っているのです。

本を読む時も同じです。

女性が本を読む時は、そこから何を学んだというのはありません。

「そうそう！」

「面白い！」

「刺激になった」

「興奮した」

「癒された」

「ドキドキした」

そうした感情だけが残ります。

男が本を読む時は、趣旨が残ります。

趣旨は残りますが、それを読んだ時の感情は残っていません。

事実の整理やそれに対しての自分の反論だけが残るのです。

女には反論はありません。

楽しいか楽しくないかだけなのです。

「楽しくない」は、反論ではありません。

ピンとこないというだけです。

または、不愉快という不快感だけが残ります。
自分中心です。
それは悪い意味ではありません。
自分の素直な感情を素直に感じられるということです。
男の場合、まわりに気を使っているわけではありません。
自分がないのです。
常に、まわりが自分をどう評価するかでしか自分を認識できません。
ここで男はズレるのです。

最高を目指す
ビジネスの法則

11
理屈より、興奮をプレゼントしよう。

12

買い物は買ってあげるより、一緒に楽しむことが大切。

彼女と一緒に買い物に行ったとします。

買い物に行って何を買った、いくらだったという記憶は、男には残っています。

ところが、女は違います。

女はこの男と一緒に行った買い物は楽しかったと記憶するのです。

買い物をした行為自体が、楽しかったか楽しくなかったか。

その記憶だけが残ります。

モノの記憶は消えています。

楽しかったら、安いモノでもいいのです。

その買い物はすごく楽しい行為になります。

楽しくなかったら、高いモノでもまったく価値がありません。

それは、その時一緒にいた人間の価値に結びついていきます。

だから、金銭的、経済的に守られているということを除けば、買い物につきあってもらえれば自分で買っても楽しいのです。

ところが、男は勘違いをしています。

「女は買ってもらえると楽しくて、買ってもらえないと楽しくない」

そう思いこんでいます。

そうすると、プレゼントは値段が高いモノのほうがいいと思って、ムリをします。

でも、高いモノをあげたくらいでは、女は喜びません。

プレゼントは、その品物が高いか安いかではなく、その行為が楽しいか楽しくないかなのです。

「買ってあげる」というスタンスに、もうすでに恩着せがましさがあります。

彼女に買い物に誘われたら、買い物を一緒に楽しめばいいのです。

感情の記憶をもたない、楽しむという感情がないと、「一緒に楽しむ」ということがわからないのです。

このズレが、買い物にも、ごはんを食べることにも、エッチにも、全部出てくるのです。

最高を目指すビジネスの法則

12 買い物に、楽しくつきあおう。

13

女は、ウンチクより、共感を求めている。

レストランで、ウンチクを語る男は、女にモテません。

レストランに2人で行ってごはんを食べます。

ごはんを食べる、エッチをするという生命本能にかかわることは、感情のかたまりです。

原始時代から、人間のDNAに残っている感情のかたまりです。

食べた時に、女性が「おいしいね」と言ったら、

「意外においしいね」

めて食べたけど、おいしいね」

っぱりここの店、おいしいね」と言うことが大切です。

、一緒に「おいしいね」が言えません。

「高いんだよね」と言ってしまいます。

ウンチクをたれるのです。

「この白アスパラガスはね……」と始めてしまいます。

「おいしいね」があってから、それを言うのならいいのです。

たいていは「おいしいね」がありません。

ウンチクを語っても、「おいしいね」が抜けていることで、せっかくおいしかったのに、女性は一瞬共感できない寂しさを感じます。

「おいしい」という共感があって初めて、「楽しい」になるのです。

「気持ちいい」というのも、共感があって初めて、「楽しい」になるのです。

最高を目指すビジネスの法則
13
ウンチクを語るヒマがあったら、共感しよう。

14

自分に余裕があれば、相手の意見に同意できる。

１人だけで感じていることは、「楽しい」にはなりません。

まず一言「おいしいね」と男が言ってくれることで、女はすごくハッピーになれるのです。

１人でおいしさを感じるのは、おいしいけれども楽しくはありません。

たとえば、混んでいると思って行ったお店に、たまたまキャンセルのお客様があって入れたとします。

「よかったね」と女が言います。

そこで男も「よかったね」の一言が必要です。

繰り返すだけでいいのです。

ところが、「流行っているから、高ビシャなんだよね」と言ってしまいがちです。

男は、常に勝つか負けるかの世界で判断しているので、なめられてはいけないという気持ちが先立ちます。

相手が言ったことを反復することに、より抵抗を感じます。

これは、「負けちゃいけない」と考えている男です。

相手が言ったことに反復できる人、繰り返せる人、同意できる人は、かなり余裕があります。

そんなところで同意しても、負けたことにはなりません。

「勝たなくちゃ、勝たなくちゃ」「勝ってないかもしれない」と常にコンプレックスを感じている人は、相手が言ったことを反復できません。

「っていうか」とか、「逆に」と言っているのです。

余裕のない男は、「逆に」を冒頭につけます。

逆でも何でもないのです。

女は別に逆のことを言ってほしくはないのです。

男は、何か言わなければいけないと考えて、いちいち反対のことを言ってしまうのです。

そういう男に限って、上司の言うことには同意するのです。

意見を言わなくてはいけない時には、言えないのです。

最高を目指すビジネスの法則

14 反論するヒマがあったら、共感しよう。

15

共感の中にしか、「楽しい」は存在しない。

女同士の会話は、ほとんど反復です。

大人だけではなくて、子供の女の子同士の会話も反復です。

「おいしいね」

「よかったね」

「楽しいね」

「気持ちいいね」

と女が言うのを、反復することが大切です。

「かわいい」と誰かが言ったら、「かわいい」とみんなが言います。

男には、違う意見を言わなければいけない、誰かがかわいいと言った時、自分もかわいいと言ったら負けだという感覚があります。

です。

「いいとこ見せないと」と頑張ってしまうのです。

男同士では違う意見を言ってもいいのですが、相手が女性の場合は、ごはんを食べに行って「おいしいね」と言われたら、「おいしいね」と言えばいいのです。

自分はもっとおいしいものを食べているから、このレベルではおいしいと言ったら負けだと考える必要はないのです。

「このお好み焼きは認めないな」と、いいカッコして言う必要はありません。

そこで批判をする男は、勝負どころを間違えているのです。

勝負どころで勝負できない人です。

彼女の求めているのは共感です。

説教に共感は存在しません。

共感の中にしか「楽しい」は存在しないのです。

楽しませようと男も頑張っています。

楽しませて自分のいいところを見せようと思っているのです。

でも、女が求めているのは、「一緒に楽しむ」ことです。
楽しませる側の男が冷めていたら、一緒に楽しむという状態ではありません。
女にとっては、一緒に楽しみながら、ちゃんと守ってもらえることが大切です。

1回のデートの中でこの共感性を何回確認できたかです。
女は、笑う時も一緒に笑ってほしいのです。
自分ばかり笑っていて、相手が冷めていたら、何だろうと考えてしまいます。
男は、女が笑えるところで笑えません。
笑わそうとしていて、一緒に笑わないのです。
笑うというのは、交互に笑うことだと考えています。
楽しいのは、一緒に笑うことなのです。

最高を目指すビジネスの法則
15
説教するヒマがあったら、共感しよう。

16

楽しさを男は３段階で評価する。女は１００点満点で評価する。小数点以下も切り捨てない。

楽しいか楽しくないかという感情の基準を持っていない男は、事実の基準しかありません。

このあいだはキスまでいったけれども、そこから先はダメだった……。

そういう細かいところでウジウジこだわってしまいます。

そんなこだわりは、女にはひとつもありません。

むしろ女にとって、事実はどうでもいいのです。

楽しかったら何でもＯＫです。

女は、どこまで楽しかったかという厳しい採点をします。

楽しいことに対しての採点基準が男と女とでは違います。

男が「楽しいか楽しくないかの判断ぐらいできるよ」と言うのは、3段階ぐらいです。

アンケート欄でいえば、「楽しくなかった」「普通」「楽しかった」ぐらいしかありません。

ところが、女にとって楽しかったかどうかの採点基準は、100点満点の1点刻みです。

1点ごとにダッシュがついたりするぐらい細かいのです。

体操の採点のように、9・9とか10・0と、小数点以下までつきます。

それぐらい楽しいか楽しくないかにこだわるのです。

女性の読者は、この本を読んで、どこで男と感覚のズレが生じているか、わかります。

今日どこまでできるか、最後までできるかというつまらないところに男はいかにこだわっているかです。

楽しかったら、したのと同じです。

僕は、自分の書いた本を読んでもらうのは好きです。

読んで笑ってもらうのが一番好きです。

女性が本を読んでいるところを見ると、面白いことが書いてあるところで笑っているのではありません。

自分で納得しているところで笑っています。

男性は、「なるほど」と難しい顔になるけれども、笑いません。

女性は線を引きながら笑っているのです。

それは、エッチしているのと同じです。

僕の本を１冊読んだら、１回エッチしたのと同じです。

本を読む、映画を見る、テレビを見る、ごはんを食べる……。

これは全部エッチと同じです。

男はそれぞれの行為を分けすぎています。

ごはんを食べるのはプロセスだと考えています。

ごはんで楽しませていないのにエッチしようと思っても、「なんでしなくちゃいけないの」と女は考えます。

そこで失格になるのです。

「こんな高いところで食べさせているのに」という男の思いは、女が楽しくなかったらはずされます。

「高いところで食べさせているのに」という男の姿勢が共感性を失わせているのです。

最高を目指すビジネスの法則 16
エッチよりも、食事で感じさせよう。

17 男の人生は、勝つか負けるか。女の人生は、いかに楽しむか。

僕は内面は女性的な性格が強いので「楽しい、楽しくない」の基準で生きています。

だから女の気持ちがわかるのです。

ゲイの人がモテるのも「楽しい、楽しくない」で生きているからです。

でも、男が勝つか負けるかで生きていることも、どこかでわかります。

彼とケンカした時、男は勝つか負けるかにこだわって、「楽しい」という感情がない気の毒な人なんだと女が考えれば、ケンカを乗り越えられます。

男たちは悩んでいます。

「なぜこの女は自分がこれだけしてあげているのに喜んでくれないのか」

「次のデートがなぜないのか、なぜエッチができないのか」

でも、そこで彼女は楽しいか楽しくないかという基準で考えているのだと思えたら、デートはラクになります。

自分がモテないのは、お金がないからだというのは違います。

事実関係の言いわけは、自分の持っているハンディを語っているだけです。

お金がなくても、一流大学卒でなくても、モテる男はたくさんいます。

ハンディを背負った人がモテるのは、事実関係に頼ることができないからです。

最初からそれを放棄して、楽しいか楽しくないかだけで頑張るのです。

女はよく、「ルックスはあまり関係ないの」と言います。

ルックスは要素の一部です。

ゼロでもなければ、100でもないのです。

ところが、男はゼロか100かで考えます。

ルックスは関係ないと言っても、その女の彼はカッコよかったりします。

男は、「あの女はウソつきだ」と言います。

でも、ウソつきではありません。

ルックスがいいのにモテる人は、ちゃんと三枚目もやれるのです。

カッコいい人がカッコいいことをそのままやったら、別になんともありません。

カッコいい人が三枚目をやるから、「この人はこの顔でこれか」というところが魅力になるのです。

ルックスに頼っていないのです。

だから、「私は顔はあまり関係ないの」と言っても、関係ない・イコール・ゼロではないのです。

それよりは楽しいか楽しくないか、面白いか面白くないかの基準が第一なのです。

最高を目指す
ビジネスの法則

17
勝ち負けよりも、楽しさにこだわろう。

第3章

デキる男は、自分だけの快感を追求しない。

18

女にとっては、楽しい食事は、楽しいエッチをしたのと同じ。

男は、デートで「エッチまで、できるかどうか」にこだわっています。

だから、エッチを誘って「こんどね」と言われると、「エーッ！」とムッとしたりします。

「こんどはきっとだよ」と言っても、その約束は、次に果たされるかどうかはわかりません。

ところが女にとって、そのデートでエッチしたかどうか、どこまで許したかどうかは、問題ではありません。

なぜなら、それは「事実」だからです。

それよりも、楽しかったか楽しくなかったかが記憶として残っています。

エッチしなかったとしても、「したのと同じぐらい楽しかった」ら、「したのと同じ」です。

ここで男女の解釈のズレが出ます。

男は妙に、したか、していないかにこだわってしまいます。

でも、ごはんを食べてしゃべっているだけでも、ほぼエッチしたのと同じぐらい楽しい時があります。

それは、「したのと同じ」です。

女の記憶の中では、「やったかもしれない」のです。

そうすると、2回目はスムーズにいきます。

だいたい2回目は照れくさくなくできるものです。

初めての時は、男も女も緊張感があります。

2回目のデートの時に「このあいだの続きからだからね」と言っても、女には事実の記憶がないので、それはあり得ません。

そうすると、食い逃げされたと男は怒ります。

女は、このあいだ楽しかったら、今日も楽しいことを期待します。

でも、あまりにも「事実」にこだわられると、感情が置いてきぼりにされるので、女は楽しくありません。

やったかやってないかということに、男はこだわっています。

そんなことは、女には関係ありません。

女は、ごはんを一緒に食べたら楽しもうという姿勢で来ているのに、「楽しくないな、この人は」という気持ちが残ってしまうのです。

そうすると、2回目があったとしても、楽しくなかったマイナスがあるので、続きではなくて、もっと手前からになってしまいます。

2回目はなかったりします。

マイナスのある男と初めての男なら、初めての男はゼロなので、むしろそのほうがプラスになりやすいのです。

するかしないか、入れるか入れないかということよりは、ここで楽しませるかどうかのほうが大切です。

男は、そこにこだわらないとダメなのです。

女がこだわるのは、この男は楽しませてくれる人か、くれない人か、です。
女には、ごはんとエッチに差はありません。
ごはんを食べたら、エッチしたのも同じ感覚なのです。
だからこそ、それが楽しいか楽しくないかが重要なのです。

最高を目指すビジネスの法則 18

デートでは「最後までいったかどうか」より、「楽しませたかどうか」を大切にしよう。

19

女は「エッチしたかどうか」は忘れても「快感」は忘れない。

女は、デートでエッチできたかどうかではなくて、「楽しかったか、楽しくなかったか」しか記憶がありません。

男は事細かく、どこまでいって、こんどは少なくともここまでいかねばというシナリオでデートに行きます。

「やったか、やっていないか」は覚えてないのです。

こういう流れで、こういこうと考えています。

でも、事実という価値軸を感情という価値軸に置きかえることができたら、エッチするよりも楽しいことがたくさんあります。

逆に、エッチは簡単にできるのです。

楽しめれば、どこまでも許せます。

エッチに道徳的にこだわっているのは男だけです。
女がこだわっているのは、楽しいエッチかどうかということだけです。
男は、いいエッチかよくないエッチかにこだわっています。
女は、感情的にイッたかイかないかにこだわります。
男がイクのは、射精という事実でしかありません。
自分が射精できれば、そのエッチは終わりなのです。
だから、「大きいか、小さいか」にこだわってしまうのです。
自分の体調で、大きい時と、本当はもっと大きいんだけどという時がありま
す。
でも、女性の反応を見ていると、そんなことはまったく関係ありません。
これは関係ないということが経験上わかってきました。
こんなことにこだわっていてはいけないのだとわかったのです。
男は、エッチがうまくできない理由をそこに求めたいのです。
そういう人は、ヘンなテクニックに走ります。

ビデオで覚えてきたヘンな技をやろうとします。

でも、女性が求めているのは楽しいことです。

頑張ろうとすることが、余裕のなさにつながってしまうと、女は守られている感がなくなってしまいます。

安心感がなくなります。

教科書どおりにしようとするのは、余裕がないからです。

この男はどれぐらい余裕があるか、女はすぐに見抜いてしまいます。

レストランでウエイターが何かしくじった時に、すごく怒った男には、「この人は余裕がないな」と判断します。

「こんな男とエッチしてはいけないな」と考えるのです。

思いっきり快感に浸って我を忘れて、まわりが見えなくなって失神しても、この男は自分を守ってくれるという安心感がある。だから、イケるのです。

ところが、自分が失神したらほったらかしにされる、敵に襲われるかもしれないという男では、女はついていけません。

いざという時に守ってもらえないと思うからです。

最高を目指すビジネスの法則

19 「射精しないエッチ」をしてみよう。

20

セックスフレンドは、恋人より努力が要る。

「セックスフレンド」と聞くと、オヤジはすぐにニヤニヤします。

そういうオヤジは、「セックスフレンドはラクだ」と勘違いしているのです。

セックスフレンドは実は大変です。

普通の恋人なら、デートしたり、ごはんを食べたり、電話で話したり、その総合点での勝負になります。

でも、セックスフレンドは、セックスで楽しませなければなりません。

よほどエッチにエネルギーを割ける人でなければできません。

ほとんどの男は、セックスフレンドは、便利な、タダでできる風俗だと思っています。

でも、エッチの時に本当に楽しめなければ、相手もセックスフレンドとして認めてくれません。

恋人よりも、セックスフレンドに対する判定基準は厳しいです。

恋人までいかないから、セックスフレンドにでもしておこうと考える男は、意気込みが甘いです。

セックスフレンドは、エッチだけできるからいいのではありません。エッチだけであらゆる満足をさせなければいけないのです。

生半可な満足のさせ方は許されません。

恋人同士なら、根本的に合う・合わないは、いろいろな要素の中から見つけることができます。

でも、セックスフレンドは、エッチに絞り込んだ中で合わなければならないので、より深いのです。

セックスフレンドに、ラクな、甘い言葉を想像しているかどうかは、エッチに対する意気込みで如実《にょじつ》に出ます。

自分だけが気持ちよければいいという意識では、エッチに対する感覚が甘くなります。

「セックスフレンドなら、月に1回会ってエッチするだけでいい、恋人のように、電話とか細々したことはしたくない」という考えの男とは、誰もつきあいません。

それは、ただの手抜きなのです。

最高を目指すビジネスの法則

20 手抜きをしないようにしよう。

21 風俗に行っても、自分から口説こう。

僕は取材しているわりには、風俗へ行きません。

風俗で働いている女性が嫌いなのではありません。

自分で口説きたいからです。

自分で口説きたい、感じさせたいという人は、わざわざ風俗へは行きません。

風俗では、自分が感じさせているのか、営業として感じた演技をしているのか、見きわめが難しいからです。

お店でするよりは、その女性のマンションに行ってするほうがいいです。

お金をケチっているわけではありません。

そのほうが、自力感があるのです。

男が風俗へ行くのは、口説くのが面倒だからです。

自分が感じさせてほしくて、風俗に行くのです。

相手が感じるかどうかは、あまり考えていません。

それでも、風俗へ行くのはまだいいです。

彼女に対して、風俗と同じことをする男がいます。

風俗と彼女の区別が、ついていないのです。

風俗で口説き、ＡＶを見ながらほめる僕も、ある意味、風俗と彼女の区別がついていません。

でも、彼女をほめることもせず、楽しませることもせず、自分だけ気持ちよければいいという男は、彼女を、タダでできる風俗にしています。

「だったらお金を払いなさいよ」となります。

僕は、風俗へ行って口説く時も、ＡＶを見てほめる時も、いつも本気です。

練習はありません。

恋愛においては、これが、あのパターンと当てはめることはできません。

その時々で全部違います。

恋愛の中に、エッチは存在します。
エッチがあって、恋愛が存在しているのではないのです。

最高を目指すビジネスの法則

21 楽をしないようにしよう。

22

女は「どこに」行くかより、「誰と」行くかを重視する。

デートの時、男はどの店にということにすごく頭を使います。

今流行《はや》りのおしゃれなお店に連れて行こうとします。

女は「誰と」のほうが大切です。

「どこに」はあまり関係ありません。

男は、旅行に行く時も「おしゃれな遠くの海外へ、ファーストクラスで行って、五つ星のホテルのスイートルームで」と考えます。

女は、別に遠いところまで行かなくても、「誰と」がよければ池袋でもいいのです。

「どこに」はあまり関係ないのです。

「誰と」のほうが大切です。

僕は、仕事をする時でも旅行をする時でも、「誰と」だけです。
楽しいところであればあるほど、好きな人と行きたいのです。
つまらないオヤジと楽しそうなところに行くのは、よけいにつまらない。
楽しそうなところがつぶれてしまいます。
せっかく楽しそうな予感があるのに、この人と行って楽しいかなと考えます。
その場所がけがれてしまう気がします。
それは、エッチも同じです。
せっかく楽しいのに、こんな人とやったらけがれてしまうという気がするのです。

最高を目指す
ビジネスの法則

22

「あの人となら、どこでもいい」と言われるように努力しよう。

23

女にとって「言葉」は「火」だ。

猿から人に進化するために必要だったのは、火と言葉でした。

火と言葉は、実は1つのものです。

女にとっては、言葉は火です。

火があることで、闇夜は明るくなります。寒い夜は暖かくなります。

たき火やローソク1本の火は、セントラルヒーティングに比べればたいしたことはありません。

でも、暖かいのです。

ライター1つ、マッチ1本でも暖かです。

言葉も同じです。

男にとって、言葉は情報です。

でも、女にとって、言葉は火です。
だから、必要なのです。
「おいしいね」と言われたら、「おいしいね」と返します。
言葉は火だからです。
言葉を情報としてしか認識していないと、女は、もの足りなく、寂しく感じます。
電話も、事務連絡があるからしなければいけないのではありません。
女は、用のない電話を重視します。
言葉は、それぐらい重いのです。

最高を目指す
ビジネスの法則

23

「火」のような「言葉」をプレゼントしよう。

24

女を満足させる男は、進化できる。

男は、人に進化してない猿です。

火の重要性はわかっていても、言葉の重要性がわかっていません。

仕事の場でも同じです。

女は、楽しませてくれる言葉と、守ってくれる火を必要としているのです。

火があれば、野獣に襲われずにすみます。

言葉があれば、

「今日狩りに行ったらこんなことがあった」

「今日はこんな木の実を見つけてきた」

という話ができます。

原始人の女も、「これ、かわいいでしょ」と男に言っていたはずです。

女は、せっかくのデートに、「これ、かわいいでしょ」と言えるような服を選んでいるのです。

エステにも行き、美容院にも行っているのです。

そこには触れず、行ったレストランで「いい店だろう？」という話は必要ないのです。

男は、情報のところで、どんないい店に連れて行こうかということに終始しがちです。

でも、女は、今日着ていく服装のほうが気になるのです。

その服装を理解してくれる人であることが重要なのです。

デートで、待ち合わせした時に、彼女の服装を見て、予約した店のトーンがマッチするかどうかを感じ取る能力がなければいけません。

男は、女が店のイメージと違う服装で来たことがわかったら、その場ですぐに店を変えられるようにするのです。

男がコースを変えられないでいると、女は居心地が悪くなります。

「こんなおしゃれなお店に行くのなら、事前に言ってよ」となります。
いいお店に連れていくことが、女を喜ばせることではありません。
猿のままではいけないのです。
火と言葉を持っている男を、女は手放さないのです。

最高を目指すビジネスの法則

24 「かわいい」に、共感しよう。

第4章

デキる男は、目の前の1人に集中する。

25

「王様ゲーム」男は、永遠に王様になれない。

王様ゲームが流行るのは、それだけ男の「気」が弱いのです。
キスできないから、王様ゲームという形をとって、
「2番が4番にキスをする」
というような設定をするのです。
男が、ダイレクトに行動できないでいるのです。
自分の気持ちを伝えられないことの裏返しになっているのです。
女は、王様ゲームでは、お姫様気分を味わえません。
女をお姫様にするには、ゲームではなく、男が王様になることです。
王様になるからには、あるイニシアチブをとらなければいけません。
お姫様の好きなことはなんでもしてあげます。

当然守ってあげなければいけません。

女は、王様ゲームではなく、本当の王様を求めているのです。

いつまでも王様ゲームをしていてはいけません。

王様ゲームは、まどろっこしいです。

王様ゲームが流行るのは、実際に王様になれる男が少ないからです。

威張っているのが王様ではありません。

アフリカの王様は、奥さんが10人います。

奥さんが10人もいる王様はいいなと思います。

ところが、王様の気の使い方はさすがです。

奥さん全員の誕生日を把握しています。

第1王妃から第10王妃まで、今王様に何をしてほしいと思っているか、全部当てます。

プレゼントとして何が欲しいかもわかっています。

初めて会った時に、その人に言った言葉も10人分覚えています。

初めて会った時に言った言葉は、1人でも、なかなか覚えていられないものです。

「なんだったっけ？」となります。

1人でも覚えられない人は、2人とつきあう資格がないのです。

把握できる人数しか、つきあってはいけないのです。

1人でも覚えられない人は、1人もつきあってはいけないことになります。

1人も守れない人間が、2人とつきあおうとするのは論外です。

1人も守れない人間は、1人ともつきあってはいけないのです。

一夫多妻制のところには、彼女のいない男、奥さんのいない男がたくさんいます。

一夫多妻は男の天国で女は地獄、ではありません。

一夫多妻制の女には、実はたくさん権利があります。

女は、ヘナチョコ君と一緒にならなくていいのです。

生命力のない男は、「一生1人でいなさい」という文化が一夫多妻制です。

王様は権力を振りかざしているだけではありません。
そこまで気を使って、相手をちゃんと把握しているのです。

最高を目指す
ビジネスの法則
25

「王様ゲーム」をするより、彼女の王様になろう。

26

電話で1回笑えれば、10時間の長電話に値する。

「なんで電話くれなかったの」と彼女に言われて、「忙しかったから」と言う男がいます。

「でも、電話ぐらいできるでしょう」というのが男と女のすれ違いになります。

この時の「電話」の解釈が、男と女では違います。

男は、電話は、あるまとまった長さが必要だと考えています。

男がなかなか女性に電話をかけられないのは、ちょっとの電話ではいけないと考えているからです。

明日までの宿題があるのに、電話で長話になってしまうと大変だな、面倒くさいなとやめてしまうのです。

ところが、女にとっては30秒でもいいのです。

かけてくれたことがうれしいのです。

逆に1時間話していても、グチを聞かされる1時間では意味がありません。

「楽しかった」がないからです。

究極は、30秒で十分なのです。

電話をかけて、受け取った時には、もう女性は笑っているものです。

今では、名前がディスプレイに出ますから、なおさらです。

電話をかけて、「もしもし」と言うと、「ウフフ」と笑っているのです。

「ウフフ」と笑ったら「エヘヘ」と笑い返します。

もうそれで電話には意味があるのです。

男はそれを「電話をかけた」と思っていないので、なかなか電話をかけられないのです。

こんな電話は移動中でもなんでもいいのです。

着信履歴だけでも、かけてくれたことがうれしいのです。

電話をかけている間に、笑いが1回あったかないかです。
そうしたら、それでもう、その電話には意味があるのです。

最高を目指すビジネスの法則

26

「30秒の電話」をかけよう。

27 成功談では、笑いはとれない。

忙しい合間をぬってかけた電話で、笑いに結びつかないグチ、つまらない話、自慢をする人がいます。

自慢では笑いはとれません。

「はあ、そうですか」と、だんだんさめてしまいます。

失敗談はまだ笑いがとれますが、成功談は笑いがとれません。

僕は、相手に電話をかけると絶対笑っているから、一緒に笑います。

しないように気をつけているのは、ため息です。

電話をかけている時に「ハーッ」と聞こえるのはすごくイヤです。

でも、多いのです。

「ハーッ、忙しかった」

「あー疲れた」

これは最悪です。

「今日、またイヤなことがあった」

「頭にきた」

そんな話は、しないことです。

男は女の話を聞いてあげればいいのです。

女は話したいことがいっぱいあります。

今日こんなことがあったということを、彼と共感したいのです。

だから、

「今日何をしていたの？」

「今何していたの？」

と聞いてあげるのです。

共感してほしいことがあるので、会話が弾《はず》みます。

「すごくかわいいものを買った」

「へェー」

「今日、ＴＶでこんな面白いものを見た」

怖い話をしたら、「それは怖いね」と共感してあげる。

これが愛情です。

最高を目指す
ビジネスの法則

27

グチ・悪口・自慢・ため息をやめよう。

28

意味不明の久しぶりの電話は、「寂しい時だけ？」と、逆に女に不信感を与える。

電話が苦手な男は、自分が寂しい時だけ、久しぶりの電話を女にかけてしまいます。

これは、かけないよりは勇気があります。

でも、久しぶりの電話は、意味不明の場合、マイナスになります。

女は、寂しい時だけ自分のところにかけてくる男の電話はイヤです。

「寂しい時にかけてきてくれるからうれしい」ということはありません。

モテない君が自分のことを好きになってくれるのはイヤなのです。

「ほかに彼女がいないから、私のところに来ているんでしょう。

それでエッチしたいんでしょう。

たまっているから、ただ会いたくなって、いろいろかけたけれども誰もいないから、自分のところにかけたんでしょう」

……というのはイヤです。

久しぶりの電話はそういう感じがするのです。

だから日々の電話が大切なのです。

久しぶりの電話はうれしいに違いないというのは、男の解釈の間違いです。

何か用事が必要です。

久しぶりの電話をかける時、男も後ろめたさを感じると、まわりくどい理由をつくったりします。

そのまわりくどさが、ますます不信感を募《つの》らせることになります。

男は、よく意味不明の久しぶりの電話をかけます。

そういう時は、だいたい本当に寂しい時です。

それは、バレてしまいます。

モテる男は、モテている時に、ちゃんと電話します。

これからデートに行く車の中からかけられます。

デートからの帰りの車の中でもかけられるのです。

でも、今日、デートする相手からドタキャンの電話があったからといって電話をかけてくるのはイヤです。

埋め合わせの感じがします。

男はほとんどそうです。

「アダルトビデオを借りに行ったら、いいのがなかった、仕方がないから君に電話してみた」というレベルが、久しぶりに電話をかける男です。

久しぶりの電話をたくさん受ける女は、アダルトビデオの次なのです。

デートの前後に電話をかけるのは、寂しいからかけているのではありません。

寂しいからかけるのは、自分の気持ち中心です。

でも、相手の気持ち中心だったら、「早く声が聞きたい」ということです。

よそで何をしていようが、女にとって大切なのは、「自分にどれだけのことをしてもらえるか」です。

それが、男の気づかい。今日も1回笑わせたいという気持ちです。
共感が何かひとつあることで、今日1日が完結するのです。

最高を目指す
ビジネスの法則

28

エッチした直後に、電話しよう。

29

浮気することより、楽しませてくれないことを、女は許せない。

女は「自分にどれだけの愛情を注がれているか」ということが一番です。

自分が何%かは関係ありません。

トータルのエネルギーの小さい人が全部注いでも、小さいのです。

シェアではないのです。

結局自分がどれだけ楽しませてもらって、笑わされているかです。

浮気していない男でも、ちっとも楽しませてくれなかったら、シェアは100%でも、ハッピーではありません。

だから、動物の社会では一夫一婦ではないのです。

動物にはシェアは関係ありません。

より楽しませてくれる人、より守ってくれる人のほうが大切です。

「楽しませる」と「守る」は、ワンセットです。

守られていないと、楽しくありません。

楽しませてくれるけれども、守りがなかったら、刺激だけでただの危ない人です。

刺激と安心はワンセットです。

安心はあるけれども面白くない人、刺激はあるけれども安心感のない人はどちらもモテません。

守られている感は、そばにいなくても感じられるものです。

そばにいない時こそ、守られているかどうかの確認が必要です。

女性はそれを求めているのです。

久しぶりの電話は、守られている感が何もありません。

次にいつかかってくるのかわからないのです。

最悪のパターンは、エッチをして、しばらく電話がなくて、ポツンとまたかかってきて「会おうか」と言われることです。

電話してくるのは、エッチの時だけだと思います。

エッチ前の電話があってエッチ、しばらくあいてエッチ前の電話があってエッチというパターンは、女性にとって、とても不安な流れです。

そういう関係は、男にとっては手抜きです。

思いやりがありません。

そういう関係を続ける男は、モテなくなります。

エッチ前の電話よりも、エッチ後の電話が大切なのです。

最高を目指すビジネスの法則

29

刺激と安心のワンセットで、プレゼントしよう。

30

混ぜごはんおにぎりのような愛し方をしよう。

僕は、おにぎりは混ぜごはん系が好きです。

これは愛情に置きかえることができます。

どちらもまんべんなさが必要なのです。

僕は、ノリが全面にまいてあるおにぎりはあまり買いません。

中の具の状態がよくわからないからです。

完全密封で中が見えないパンも、怖くて買えません。

気に入っているのは、ノリはまいてあるのですが、中のごはんの状態がよくわかるものです。

僕がはずれだと思うのは、「鮭」のおにぎりで、鮭のかたまりがどんなに大きくても、真ん中に一個ゴロンと入っているものです。

1口め＝白いごはん、2口め＝白いごはん、3口め＝白いごはんで、うっかり鮭を落としてしまったら、おしまいです。

あとに残った、えぐれているところは寂しいです。

混ぜごはん的な愛し方は、どこから食べても、ちゃんと具が混ざっている状態です。

天丼でもうな丼でも、タレが大切です。

ごはんの白い部分はイヤです。

どんなに具がすごくても、下の部分が真っ白というのは、イヤです。

それは、まんべんなさがないということです。

それが、エッチ前に電話をかけてくる男です。

混ぜごはんのおにぎりは実際自分でつくると、すごい手間がかかります。

うまく混ざりません。

いい混ぜごはんおにぎりは、まんべんなく混ざっています。

真ん中にゴロンと鮭を置けばいいのは、簡単です。

それはビジネスに置きかえると、お客様に対しても同じです。

男はついつい1点豪華主義で対応します。

会っている時には一生懸命だけれども、その後1本の電話も、1本のメールもないのです。

これは、真ん中にゴロンと具が入っているだけのおにぎりです。

具の豪華さだけで勝負しようとします。

おにぎりは、ごはんの部分がどれだけおいしく味わえるかで決まります。

うな丼でも、タレがどこまでついてるかという、タレの部分の勝負になります。

白いだけは、何か愛想がありません。

たい焼きのアンは、頭からしっぽまで全部入っていることが大切です。

ゆで卵を食べる時も、黄身がかたよっていて延々白身が続くのは、つらいです。

それを半分ずつにすると、はずれる時があります。

アンパンを半分に割って、アンの状態がかたよっていたら不公平です。
分けた時に寂しいのです。
愛情もまんべんなく注がれると、ハッピーなのです。

最高を目指す
ビジネスの法則
30
愛情を、まぶそう。

第5章

デキる男は、ちょっとした手間を惜しまない。

送らなくてもいいところで送ることが、愛情。

合コンで何人か女性がいたとします。

1人の女性が先に帰らなければいけなくなりました。

自分のお目当てではない女性が帰る時に、男はしめしめと思います。

「じゃ、気をつけてね、会費は5000円」と請求して帰してしまいます。

女性は、お金も払わされるのかと感じてしまいます。

そこで、「どっちコースで帰るの？」と聞いて、「駅まで送っていってあげる」と言って送ってあげるのです。

その女性はすごく喜びます。

でも、自分のお目当てではないので、そんな女を喜ばせてもしかたがないとたいていの男は思います。

その時、自分のお目当ての女性も、それを見ています。

「こんな外国人のようなことをやる人なんだ」＝「優しい」とチェックを入れます。

お目当ての女だけに夢中になって、「早く帰れ」という態度の男にも、当然、マイナスのチェックを入れます。

女は、その男が本当に守ってくれる人かどうかを見ています。

「じゃ、ちょっとお店の入り口まで」と言って、一緒に席を立ちます。

お店の入り口までなんて、守るというほどの距離ではありません。

お店の入り口だから、別に誰かに襲われるということはないのです。

都会で、駅までは明るいし、まだ時間も早いのです。

でも、まだ明るいし、安全で、大丈夫なところであっても、ちゃんと守ることが大切です。

どう見ても危ないところ、犯罪地域で送ることだけが、守ることではありません。

どう転んでも、こんなところでは何も起こらないようなところであっても、万が一ということで送っていくことです。

それをやっていない男が、自分のお目当ての女性が帰る時に「送っていくよ」と言うと、「裏」を感じます。

この男には送っていくという発想がない、そもそも守るという発想がない。なのに「送っていく」と言うことは、家に上がり込んでエッチしようと考えているな……と思わせるのです。

でも、タクシー代ぐらいは出してもらいたいので、女も送ってもらおうとします。

それで家の前で「じゃ、ここでいいから」と言います。

「危ないから家の前まで送っていく」

そう言っても、彼女は「優しい」とは思いません。

この男には危ないという発想はないと、「見ていた」のです。

その場だけ優しい男は信用されません。

女は、自分に対する時だけ、見ているわけではありません。

自分の仲間や自分の仲間ではない人に対して、その男のしている行為を見て、自分がどうされるかを観察しているのです。

男は、日々採点されているのです。

第三者に対しての行為のほうがホンネが出ます。

最高を目指す
ビジネスの法則

31

ちょっとでも、送ろう。

32

女はライバルに嫉妬しない。でも勝ちたいと思っている。

男が女を見る基準は、自分に対する態度だけです。
第三者に対してどうかは考えません。
女が第三者に対して優しかったら、男はただの嫉妬心しか起こりません。
女の場合、男が第三者に対して優しかったら、嫉妬心は持ちません。
「この人はいい人だ」と感じるのです。
「私にも同じようにしてほしい」と思います。
それは、「嫉妬心」ではなく、「競争心」です。
嫉妬するのは男です。
女に、嫉妬はありません。
自分が浮気しないからです。

男が嫉妬するのは、自分が浮気するからです。

最高を目指すビジネスの法則

32 お目当て以外の女の子にも、優しくしよう。

33

女に「2番の男」は必要ない。

女が浮気しないのは、全部の男に優しさランキングがついているのです。

男が浮気できるのは、評価が雑だからです。

「いい」「普通」「悪い」の3段階しかありません。

「いい」の中だったら、「まあいいか」と考えます。

「普通」も「いい」に入ります。

悪くなければ、「できるかな。とりあえずつきあっておけ」となります。

OKの中に△まで入るのです。

すごく広いのです。

ところが、女は、「いい」の中に「ややいい」「すごくいい」「今までに会ったことがないぐらいいい」という、細かい基準があります。

小数点以下まで採点されます。

ちょっとでもいい男とつきあったほうが時間のムダにならないからです。

0・1点差でも、2位は意味がありません。

それなら1人でいるほうがまだいいです。

男は逆で、1人でいるぐらいなら普通でもいいのです。

自分がそれをやっているので、女もそれをやるのではないかと考えて、ヤキモチをやきます。

独占欲が出てきます。

女は、ランキングがあるので、興味がありません。

0・1点差で惜しい！　という人でも、女の頭の中ではちっとも惜しくありません。

自分が浮気をしないので、嫉妬もしないし、ヤキモチもやきません。

男が妻に優しくしている行為を女に見せたり、ノロケたりすることに関しては、「いいな」と感じます。

愛妻家はモテます。

奥さんの悪口を言う人は、モテません。

男は勘違いしているのです。

奥さんの悪口を言って、君にチャンスがあるぞという話に持っていこうとするのです。

結婚している男は、「奥さんとうまくいってない」「独身みたいなもの」と表現します。

それは、彼女がいるのに彼女がいないと言っているのと同じです。

そんなことはあまり関係ありません。

「彼女がいない」と言われたら、なんで彼女がいないんだろうと勘ぐられます。

一般的には女のほうが嫉妬深いと思われています。

それは、女は嫉妬深いと思い込んでいる男社会の文化です。

女のほうが嫉妬深いと言っているのは、男です。

男がつくり上げた先入観です。

「自分がモテないのは、ヤキモチをやかれているからだ」というところに持っていきたいだけなのです。

これは間違った解釈です。

最高を目指すビジネスの法則

33 奥さんや恋人の悪口を言わないようにしよう。

34

女は、彼女がいることを隠す男に、器の小ささを感じる。

「彼女いるんでしょう」と聞かれたら、「いないよ」と隠そうとする男がいます。

彼女がいることが減点になって、自分がモテないんじゃないかと不安を感じている男は、器の小さい人間です。

「彼女がいない」と言われて、自分にチャンスがあると解釈する女もいます。それは判断基準のひとつにすぎません。

彼女がいないのが本当だとしたら、何か欠陥があるんじゃないか、長続きしない理由があるんじゃないかと女は疑います。

一見よさそうだと思えば思うほど、なんで彼女がいないのか、おかしいと考えます。

絶対に彼女がいるのに、ウソをついているのがわかる時もあります。

男がウソをつくのは、相手に「彼女がいる」と言って諦められたら困るという不安感があるからです。それを乗り越えるだけの魅力が自分にないのです。

彼女がいると言った後に、そのデメリットを上回るだけの楽しさを相手に提供することです。

デメリットをつぶしていこうとするだけでは、この人はウソをつく人だという印象を与えます。

女にとっては彼女がいようがいまいが、自分をちゃんと守ってくれればいいのです。

ウソをつくのは、守ってくれていないことになります。

安心できないのです。

最高を目指すビジネスの法則

34

奥さんや恋人がいることを、隠さないようにしよう。

35

男には連想能力がない。だから、ウソをつく。女には連想能力がある。だから、そのウソを見抜いてしまう。

女は、男と比べて優《すぐ》れた連想能力があります。

これが、カンが強いということです。

男は、連想能力がありません。

事実の羅列でしかないのです。

女は、彼がお目当てではない、あまりモテない女に優しくするのを見ると、自分にはもっと優しくしてくれるに違いないという連想をします。

「彼女いないよ」と言う男には、もしつきあったら、別の場で別の女に、また同じことを言うだろうなという連想が働くのです。

男は、その連想ができないのです。

男で自分の彼女や妻の悪口を平気で言う人は、連想能力がない人です。男は「自分がいない時には、自分の悪口を言われているんじゃないか」と女が不安になるということまで連想できないのです。

だから平気で悪口が言えるのです。

ウソも同じです。

女性はウソをつかれることに対しては、すごく抵抗があります。

彼女がいることのマイナスと、ウソをつくことのマイナスで、男と女では基準が違います。

男は、彼女がいることのマイナスのほうが大きいと思っています。

ところが女は、ウソをつかれることのマイナスのほうが大きいのです。

だからオープンにしていったほうが、信頼されます。

彼女がいるのに、男がモテまくるのは、オープンだからです。

みんな知っているからです。

オープンにすることが安心感であり、共感なのです。

オープンにできない男は、二股をかけたり、愛人を持つ資格はないのです。

最高を目指す
ビジネスの法則

35

オープンにしよう。

36

女は、「隠す男」より、「しゃべらない男」を信頼する。

隠し事をすると、隠すことにエネルギーを奪われてしまいます。

エネルギーには限りがあります。

たとえば彼女が２人いる時、「君だけだよ」と言って、隠すほうにエネルギーを使うと、目の前にいる相手を愛するエネルギーを奪われてしまいます。

彼女がいるのに「いない」とか、結婚しているのに「結婚していない」と言う男は、一見隠しているように見えます。

ところが、そういう男は、「あいつとやった」としゃべる男になります。

一番モテる男は、彼女はたくさんいるようなのに、それが誰かわからない人です。

それは、自分が彼女になった時も大丈夫、しゃべられないという安心感になります。

「誰にも言わないでね」と言う人は信じられません。

ウソをつくことは、あることも隠すし、秘密を守り続けることもできないということです。

信用できないとは、そういうことです。

特に、モテない男はしゃべることで勝とうとします。

ほかの男に対して、あいつとやったと自慢します。

モテる男は、そんなことは自慢しなくても、ちゃんと相手を楽しませることで十分満足できます。

相手を楽しませていないから、何か不安なのです。

自分の実感として感じるものがないのです。

男は単純ですから、エッチできたら、それで満足です。

そんな男がデートして、エッチできなかったとします。

「こんどね」と言われて、マイナスポイントをつけられて、もう二度とない状態になります。

男はそういう時にしゃべるのです。

してない相手のことを「あの女はすごい遊び人だ」と言ってしまうのです。

屈辱感を感じたことを、言いふらすことで晴らそうとします。

相手に対して優越感を得たいのです。

オープンにすることと、ペラペラしゃべることとは違います。

「彼女いるんでしょう？」と聞かれて、「いるよ」と言って、具体的には誰だかわからないというのが一番安心できる状態です。

まわりの男たちに負けていると思っている人ほど、しゃべるのです。

最高を目指すビジネスの法則

36

2人の秘密は、守ろう。

37

「誘われた」と言いふらされるのは、寂しい思いをさせた報い。

女でも、「誰々さんに口説かれた」としゃべる人がいます。
それも、何かコンプレックスを持っているのです。
しゃべることで足りないものを補うのです。
本来、関係ない人にペラペラしゃべることにはあまりメリットがありません。
でも、こういう人はしゃべることで、自分の価値を上げようとするのです。
僕は、今、無責任に「ごはんを食べよう」と言わないようにしています。
言う時は、絶対誘う時です。
「こんど、ごはん食べようね」と言って、その後誘わないと、逆恨《さかうら》みを買うのです。
具体的に誘わないと、「誘われた」と言われてしまいます。

誘われたという表現は微妙です。

僕は、申しわけないことをしたと思います。

社交辞令でごはんを食べようと言って誘わなかったから、もし期待していたら、寂しい思いをさせてしまったのです。

誘われて、実行されてない人が誘われたと言いふらすのです。

実際に誘われた女は、誘われたとは言わないものです。

最高を目指す
ビジネスの法則
37
実行するつもりのない約束は、しない。

38

女は「自分が男だったら、こうなりたい」という男を、好きになる。

僕がつきあう女性は、「自分が男になったら、中谷彰宏になりたい」と言います。

「中谷彰宏になったら何したい？」と聞くと、「いい女といっぱいつきあいたい」と言うのです。

ということは、その部分が評価されているということです。

「自分が男になったら、こういうふうになりたい」ということを実現している男とつきあいたいのです。

その女性の頭の中では、「いい女といっぱいつきあうこと」は、悪いことではないのです。

そういうふうに思われる人間になれるかどうかです。

「自分がもし男だったら、こうはなりたくないな」という男を好きになることはありません。

好きになるということは、そういうことです。

「彼女いっぱいいるんでしょう」と言われた時に、「いないよ」と言うような男には、僕はなりたくありません。

電話をかけてきて、いきなりため息で始まって、今日1日の会社でのグチを聞かせるような男にもなりたくありません。

男の側から、相手の女性に聞いてみればいいのです。

「もし男に生まれ変わったら、僕になりたいか」と聞いてみればいいのです。

「もし僕になったら、何をしたい」という問いの答えで、その女性がその人をどう評価しているかわかります。

「いい女といっぱいつきあいたい」というのは、僕をそう思っていたということです。

それは、僕は悪い評価ではないと思いました。

もしそれが、バリバリ仕事をしたいとか、お金持ちになりたいということだったら、彼女はそこを評価しているのです。

最高を目指すビジネスの法則

38 男に生まれ変わったら、なりたいような男になろう。

39

自分の評価を知ると、相手の要求が見えてくる。

相手がどういうふうに自分のどこを評価してくれているかは、意外にわかりません。

たいていはズレています。

ズレているから長続きしないのです。

ズレていなかったら、軸が一致しているので、長続きします。

軸さえ合っていれば、ほかのところが少々ズレても、ちゃんと元に戻れるのです。

商売も全部そうです。

お客さんがなんで買ってくれるのかを理解していなかったら、間違ってしまいます。

売れている時に、うちの商品がいいから売れているんだと考えていたら、ただ安いだけだったということがあります。

お客様は安いから買っていたのです。

だから、安い店ができたら、そっちにいってしまうのです。

自分の評価を知ると、相手が何を求めてきて、自分は何を提供できるかを正確に把握できます。

つまり、メリット勝負です。

自分の長所がどこにあるかという勝負であって、デメリットを消すことではないのです。

「ほかに彼女いないよ」と言うのは、デメリットを消す作業です。

そんなことは、あまり意味がないのです。

最高を目指す
ビジネスの法則
39

「どこが好きか」を、正確に知ろう。

第6章

デキる男は、男らしさで勝負しない。

40

「さわる男」は嫌われて、「抱きしめる男」はモテる。

オヤジが感じ悪いのは、「さわる」からです。

タッチするのは、人間でも動物でも、本当は気持ちいいことです。

ところが、オヤジは、さわると女は喜ぶと勘違いしています。

さわられて楽しいのは、守られている安心感がある時だけです。

守られている安心感がない時にさわられるのは、痴漢にあうのと同じです。

守られているというベースなしに、いきなりさわられたり、会話で楽しい空気がないのにさわられると、女は不快なものとして受け取ります。

男はそれを「喜んでいる」と勘違いして受け取ります。

ここでズレが生ずるのです。

女が求めているのは、さわられたり、キスされたりすることではありません。

抱きしめられることです。

恋人同士でも、抱きしめられることは、あまりありません。

モテない男は、いきなりキスしようとします。

オヤジはいきなりさわろうとします。

女はこの2つに抵抗があるのです。

これは順番だけの問題です。

最初に抱きしめられて、安心感、守られている実感が持てれば、「さわられたい」「キスしたい」という気持ちは、女の側から出てきます。

男はそれに応えてあげればいいのです。

男の側からさわらなければいけない、キスしなければいけないという思い込みがあると、「抱きしめる」という行為をすっ飛ばしてしまいます。

エッチも、究極は抱きしめる行為です。

彼女が、安心できない、楽しめないのは、「抱きしめられる」がないのです。

初めにさわったりキスする男は、飽きてくると、それさえしなくなります。

初めに抱きしめることから始める男は、それを一番大切な愛情表現としています。

その後の「さわる」「キスする」行為は、女に任せているので、飽きません。

みずからしていく形ではなく、応える行為は飽きないのです。

これが本当の「リード」です。

「リード」には、グイグイ引っ張るイメージがあります。

でも、ロープをひっかけて、力で強く引っ張るイメージとは違います。

最高を目指す
ビジネスの法則

40

「さわる」のではなく、「抱きしめ」よう。

41

「ギュッ」ではなく「フワッ」と包みこもう。

ハグの習慣のない日本人は、抱きしめる時、「ギュッ」と抱きます。
でも、抱きしめる時の「ギュッ」という擬音は違います。
僕も「ギュッ」だと思っていました。
海外の女性は、「日本人のハグは違う」と言います。
僕は、「僕自身は悪くないつもりなんだけど、何が違うの？」と聞きました。
僕はけっこう自信があったのです。でも、不合格でした。
どこが違うかは、とうとう教えてもらえませんでした。
これをなんとか解決したいと試行錯誤しました。
そのうち、ダンスを習って、やっとわかりました。
ダンスは、踊るのではありません。

「抱く」のです。
通常「抱く」というと、「ギュッ」と力でいこうとします。
TVドラマのラブシーンも、ほとんどが力でいっています。
ギュッと、身動きできない抱き方をしているのです。
日本人は、ドラマのシーンを見て、こういうものだと思い込んでいます。
でも、外国人は、2人の間に広く空間をつくった抱き方をします。
動ける空間があると、包み込まれた感じがします。
「ギュッ」は、肋骨《ろっこつ》が当たって痛いです。
マントを着ている男が、そのマントで女を包みこむイメージです。
空間ができるように、腕の両側から包みこんで抱くのです。
男がつくったスペースに、女が自分から入っていけるようにするのです。
ところが日本人の男は、重心を相手に乗せて、もたれかかる形になるのです。
「ギュッ」としながら、相手にのしかかるので、女は重く感じます。
男は、足に重心を乗せて、女をもたれかけさせる形にします。

下から持ち上げてあげると、女はラクです。スペースもとれます。

街で外国人のラブシーンを見かけたら、注意して見るとわかります。

日本人のヘナチョコ君がキスする時は、腰が引けているのに、腕に力を入れます。

自分のほうへ引き寄せると、襲う形になって、相手に不快感を与えます。

指の力を感じるから不快になるのです。

男が自分の足に重心を乗せて、女がもたれかかりやすいようにすると、女は逆に離れて、さわろうとしてきます。

最高を目指すビジネスの法則

41

抱きしめる時は、包みこもう。

42

力を入れた男らしさは、重い。

キスをする時も、追いかけてはいけません。

むしろ離れることで、相手は入りやすくなります。

前へ追いかけようとするから、逃げるのです。

誰でも、追いかけられると逃げる習性があります。

空間をつくって抱きしめた後、離れれば自然に相手を見ることになるので、キスをしやすくなります。

「ギュッ」とすると、相手は反発して逃げたくなります。

「ギュッ」は、男の上半身に力が入って、足がグラグラします。

男に体重をかけられたら、女は苦しいです。

もたれかかりたいのに、もたれかかられたら、イヤな感じがします。

壁に押しつけられようものなら、ムリヤリされる気分です。

フワッと包みこむことが、逆に力強さを感じさせるのです。

包みこまれて、自分がその中でどうもたれようが、ちゃんと支えてくれているという安心感を、「抱きしめる」ところでつくるのです。

もたれかかるサークルは、広ければ広いほどいいです。

この広さをつくるには、筋力が要《い》ります。

ちゃんと下半身が安定していないとできないのです。

男よりも、女の感覚器ははるかにデリケートです。

男らしさを出そうと頑張りすぎると、ギュッとなります。

でも、男が普通の力でギュッとやったら、女は指の１本１本を痛く感じます。

うぶ毛とうぶ毛が当たる程度でも、女性は十分もたれることができます。

男はフワッと受けてあげればいいのです。

下半身に力を入れて、サークルをつくり、腕には力を入れないのがポイントです。

決して自分から引き寄せてはいけません。

もたれられるスペースさえつくれば、あとは片手でもOKです。

外国映画で壁に女性がもたれ、顔の横に男が手をついて話をするシーンは、守る空間があります。

心地よいスペースをつくっているのです。

最高を目指すビジネスの法則

42 抱きしめる時は、手の力を抜いて、足に力を入れよう。

43

女は包まれるスペースを、求めている。

女性を包みこむには、相手の真正面からしかできません。

気の小さいオヤジは、赤ちょうちんで、常に横を向いたまましゃべろうとします。

気が弱いので、いつでも逃げられるようにしています。

自分で責任をとらなくていいように、ガードしているのです。

心理学の本には、「隣に座ったほうが口説ける」と書いてあります。

確かにそうですが、それを逃げ道に使ってはいけません。

真正面からではなく、違うところを見て「好きだよ」と言うのは、照れくささをごまかしています。

女は、包まれるスペースを求めています。

モテる男は、相手が横を向いていても、正面のスペースを確保します。

オヤジは、カウンターで2人並んだ体勢でも、相手に対して肩を入れて座ります。

相手を見ないでしゃべるのです。

そんな状態で、「泊まろう」とも言わずに、いきなりホテルのキーをガチャッと置かれても、行く気になれません。

真正面を向いて「泊まろう」とはっきり言われたほうがましです。

僕は、タクシーでも、女に対して正面の位置をとります。

相手の話を真正面で受けとめるためです。

女がどこを向いていても、後ろ向きでも、彼女の全体をガードすることを意識しておくのです。

ボブスレーのように、後ろから抱きしめられる形をとるのが好きだという女性もいます。

2人の体の向きがどうなっているかで、2人の関係がわかります。

男のつくったスペースからはずれようとするのは、女がそのスペースに入りたくないことのあらわれになっています。

また、男がちゃんとスペースをつくっていないと、女がどんなにスペースに入ろうとしても入れません。

2人で、あるスペースを共有している感じを出すのです。

最高を目指す
ビジネスの法則
43
あらゆるもので、女を包みこもう。

話をする時は、女の正面を向こう。

相手の話を聞く時も、体の向きがどうなっているかに女は注意します。
体の向きは、顔だけではつくれません。
肩をまわすだけでも不十分です。
両方の乳首を相手に向ける意識で向き直るのです。
「ねえねえ」と話しかけられた時に、首だけ振り返るのは、イヤな感じを与えます。
振り返らないのは、問題外です。
体の向きを変えるだけで、聞く態勢はできます。
大切なのは、どういう向きで言葉を発しているかです。
スターバックスでコーヒーを買って部屋に戻る時に、「中谷さんですか?

今、41冊目を読んでいます」という読者に声をかけられました。

僕はその時、右手にコーヒーを持ち、左手をポケットに入れて歩いていました。

抱きしめてもよかったのですが、右手に持っていたコーヒーを左手に持ちかえ、急いで相手のほうを向いて「じゃあ、握手」と言いました。

真正面を向くのは、抱きしめているのと同じです。

急いでいるからといって、自分の進んでいる方向を向いたままや、声をかけられた方向に顔だけ向けると、イヤな人に見えます。

同じ「好きだ」も、ドラマでは向こうを向いて言うシーンが多すぎます。

それがかわいいような演出をして、逃げているのです。

どんなささいなことでも、相手のほうをちゃんと向いた姿勢をとることは大切です。

カウンターで女を挟みこむように座って話をしていると、まわりの目が気になることがあります。

フランスのレストランでは、壁際に男女が並んで座ってごはんを食べるようになっています。

壁際に並んで座っていても、赤ちょうちんとは全然違います。

壁際に並びながら、男は必ず女性の側を向いて座っているのです。

女性は、真っ直ぐだったり、いろんなほうを向いています。

日本人の男は、照れくさがって、向かい側に座ろうとします。

スペースを共有するのは、まわりを意識すると恥ずかしいです。

恥ずかしいことをやってくれるかどうかを女は見ているのです。

1人分のスペースしかなくても、十分二人で座れます。

まわりの女性まで、「いいな」と羨望《せんぼう》のまなざしを向けます。

それを「あれは恥ずかしい」と言うのは、「いいな」という気持ちを素直に表現できずにいるだけなのです。

最高を目指す
ビジネスの法則

44

胸で、相手の話を聞こう。

45 女は自分の隣で「爆睡」する男に、生命力を感じる。

僕は爆睡します。

エッチした後ではなく、ある瞬間、爆睡するのです。

突然、ドーンと落ちて深く眠っているので、自分では、いつ眠って、いつ起きたのかもわかりません。

とにかく意識のなくなる時間があるのです。

僕が深く眠るのは、3～5分です。

普通、男は寝たら、女に背中を向けます。

でも、僕は抱きしめたまま眠ります。

腕をはずさず、包みこんだまま寝ていたことに、彼女は感激してくれたのです。

寝ている時はホンネが出ます。
爆睡することで、男がよそでどんなに戦争しているかがわかります。
女は、男が爆睡できる安らぎを与えていることで満足感を得るのです。

最高を目指す
ビジネスの法則

45

眠りこんでも、腕枕をはずさない。

46

「にじり寄る」から、嫌われる。大胆に引き寄せよう。

女性と2人になった時、最初は離れたところに座っています。

そこから、1分1センチのような進み方で、ちょっとずつにじり寄ったり、離れてみたりするのは、気持ち悪いです。

ちょっとずつ、そうっとさわるのも、イヤらしく感じます。

抱きしめる時のように、フワッと、かつ大胆にすれば、エッチになりません。

オヤジがカラオケのデュエットで肩を組むのがイヤらしく感じるのは、指でギュッと肩を引き寄せて、その指をモゾモゾ動かすからです。

部屋に入った時も、最初にソファーの離れたところに座ってしまったら、「こっちへおいで」と抱き寄せます。

「もっと近くへおいでよ」と、口で言うだけではいけません。

女の言いわけをどこかに残してあげながら、男が引き寄せるようにするのです。
引き寄せられると、包みこまれた時のようなリード感があります。
そばへ寄るなら、大胆にドンと寄ることです。
フワッと包みこまずに、にじり寄るのは、痴漢と同じです。
女の側は「この人は、どうしたいの？」という気持ちになります。
徐々に行くのが優しさだと勘違いしている男もいます。
それは、ビクビクしているだけです。
1分1センチで寄っていったら、帰る時間になってしまいます。

最高を目指す
ビジネスの法則
46
「にじり寄る」より、大胆に引き寄せよう。

第7章

デキる男は、「いけないこと」に挑戦する。

47

女は、ビクビク口説かれると、不安になる。堂々と口説かれれば、安心して受け入れられる。

自信を持って堂々と口説かれれば、女も、拒否する時は拒否するし、受け入れる時は、受け入れます。

堂々と誘う男には、安心感が持てます。

ビクビク口説かれると、「この人の口説きを受け入れて大丈夫かな」と不安になります。

ビクビク口説いてくる男を拒むと、後でしこりになることが多いからです。

口説く時は、自信と余裕を持つことです。

フラれても、今回のプレゼンは通らなかったという程度のことです。

未来永劫《えいごう》に断られるわけではありません。

今回たまたま断られただけで、再度チャレンジするつもりでいればいいのです。

最高を目指すビジネスの法則

47 口説く時は、堂々と口説こう。

48 別れ際より、会ってすぐのほうが、なんでも許してしまう。

にじり寄っていると、時間切れになるので、帰り際に抱きしめることになります。

こういう男は面倒くさいです。

女には、門限があります。

結婚していたら、早く帰らなければいけない事情もあります。

モタモタしているから、帰り際で抱きしめることになるのです。

もっと早く抱きしめていれば、その後エッチまで進むこともできます。

部屋に入って、お茶を入れていたら、抱きしめるマがなくなります。

1拍、マがあいてしまうのです。

部屋に上がって、コートを脱いだりして、モタモタしているから、お茶でも入れないとマがもたなくなるのです。マがもてなくて、「ＤＶＤ見る？」などとやっているから、帰る時間になってしまうのです。

そういう男にかぎって、３時間もある『タイタニック』を見せたりします。

女には、「あなたは嫌いではないし、エッチもしたいけど、この時間は困るのよ」という時間があります。

特に女は、化粧が崩れない、きれいな状態でエッチをしたいのです。

きれいな状態で帰りたいという事情もあります。

時には、コートもブーツも脱がないうちに抱きしめることが、愛情表現になります。

ラブホテルで、とりあえずお風呂を入れる作業も、モタモタしすぎです。

モタモタ男は、ボンヤリ男と同じで、嫌われます。

女が窓からの景色を見て、「わあ、きれい」と言っているのは、「早く抱きしめなさいよ。何モタモタしてるの？」という意味です。

前を向いていたら抱きしめにくいだろうと思って、後ろを向いて、スキをつくっているのです。

それがわからない男は、「きれいだろう？　あれが○○ビルで……」と、ヘンな説明を始めます。

「そろそろ帰らないと」と言うのも、本当は帰らなければならない時間ではないけど、チャンスを与えてくれているのです。

そこで、「じゃあ、送っていかないと」と言う男性は、それがわからないのです。

それは男がボンヤリしているのです。

最高を目指す
ビジネスの法則
48
別れ際に抱きしめるより、会ってすぐ抱きしめよう。

49

ボンヤリしている男より、悪事でも一生懸命な男に、女は生命力を感じる。

女は、守ってくれる男を求めます。

男の生命力を感じたいのです。

女は、生命力のある男が自分を守ってくれるという直観を持っています。

経済力やリード力も、生命力のひとつです。

からまれたり、アクシデントに巻きこまれた時でも、動転しないで対処してくれることを男に求めます。

ボンヤリしている男には、生命力を感じません。

たとえ悪事であっても、それに斬った張ったをしている男に生命力を感じるのです。

最高を目指すビジネスの法則

49

ボンヤリした男にならない。

いくら口で「僕は浮気はしていない。君だけだよ」と言っても、ボンヤリしている男には、何の魅力も感じません。

むしろ、この男は自分を守ってくれるのかなと、不安になります。

ギャンブルでも女遊びでも、ギリギリのところで勝負している男は、楽しませてくれます。

ボンヤリしている中に、楽しみはありません。

女同士でも、ボンヤリしていると、楽しくありません。

「何か楽しいことない？」「面白いことない？」と言う女性は、面白いことがないのではなく、ボンヤリしているのです。

リラックスするのはいいです。

でも、ボンヤリしてはいけません。

50

「いい女がいない」という男は、人生のボンヤリコースにはまっている。

余裕とボンヤリは違います。
これは、「優しい」と「優柔不断」のように、よく勘違いされることです。
「彼女ができない」と本気で思っている男は、ボンヤリしているのです。
いい女とたくさんつきあっている男は、ボンヤリしていられません。
「まわりにいい女がいない」と言う男も、ボンヤリしています。
いいものを持っている女はたくさんいます。
すべてが１００点のいい女などいません。
でも、誰しもなにがしかのいいところを持っているのです。
そのいいところ、その人の魅力を評価してあげるのです。
「若い」というだけで、ごまかせる時期もあります。

「若い」時期は、本人は自分のいいところがわかりません。

まわりも評価しません。

若くてモテる間に、いい経験をしておくと、「若さ」という優待券を捨てた時、いい男をつかまえることができます。

若さ以外のいいところで勝負できるからです。

たしかに、若さも魅力のひとつです。

でも、いい男は、若さ以外の魅力もちゃんと見抜くことができるのです。

男は若い女に魅かれると思い込んでいる女は、そう思う女のグループから出られなくなります。

ある年齢を過ぎると、いいものを持っている女は、グループではなく、ネットワークでつながるようになります。

ところが気の毒なことに、持ち前の「いいもの」を使って男を口説いても、引かれてあぶれています。

そこでは、圧倒的に男が足りなくなっています。

男が足りなくて、いい女がたくさんいるというのは、生物界の大原則です。

ダンスの世界でも、男が足りません。

ボンヤリしている女とボンヤリしている男は、無限にいます。

いいものを持っている女を評価できる男が少ないのです。

女性も、いいものを持っている女性を評価できる男がいたら、ボヤボヤしていないで、なんとしてもつかまえなければいけません。

最高を目指す
ビジネスの法則
50
余裕とボンヤリを区別しよう。

51

「エッチに興味がある」も、いい女の条件。

女のいい部分を評価できる男は、モテます。

ただし、みんなの面倒を見なければいけないので、責任重大です。

みんなをハッピーに満足させる男は、ますます鍛えられて、ますます力量が上がります。

モテる男が、ますますモテるのは、それだけ努力を強いられるからです。

モテる女も、ますますモテます。

男が少ないことがわかっているので、頑張ります。

「君はここがすごいよ」と評価されると、それにもっと磨きをかけようというヤル気につながります。

評価されなかったら、ヤル気はわきません。

女は、自分の持っているいい部分で口説いて、男に引かれると、「いけないことなのかな」と消極的になります。

「エッチに興味がある」のも、いい女の条件のひとつです。

でも、それを話して男に引かれると、「私は淫乱かしら」とマイナスに感じてしまいます。気持ちを抑えてしまうのです。

それは伸ばしていかなければいけない才能です。

才能のある人間には、努力しなければいけないという責任も生まれます。

タイガー・ウッズも、中田選手も、イチロー選手も、努力しなければいけない才能を与えられた人たちです。

「いい女が少ない」というのは、かみ砕いて言うと、「女のいいところを見抜ける男が少ない」ということです。

「いい女がいない」と言い切った時点で、ボンヤリしていることになります。

いいものを持っている女性は、確実に、しかもたくさんいます。

いいものを持っている女と、それを評価できる男のいるグループは、つきあってバランスがとれます。

「いい男がいない」「いい女がいない」という男女のグループも、一応つきあいます。

「彼がいる」「彼女がいる」ということで、一見バランスはとれています。

でも、後者のグループは、実はつらいものがあります。

本人は気づいていませんが、グチの中で生きているのです。

最高を目指すビジネスの法則

51 モテる男は、モテない男より努力をしよう。

52

「あの男には近づかないほうがいいよ」という男に女は近づき、忠告した男から離れる。

男は、「あの男には近づかないほうがいいよ」とアドバイスします。

女は、アドバイスをされればされるほど、近づいてはいけない男に近づこうとします。

よけいな忠告をする男からは離れようとするのです。

女は、「○○してはいけない」と言う男からは離れます。

「勉強になるから行ってきたら？」

という男からは離れません。

結婚していても、ほかに彼がいるという女のダンナさんは、たいてい「これはダメ」「あれはダメ」と言うタイプです。

愛人には「いいんじゃない？」と言う人を選びます。
「これはダメ」「あれはダメ」と言っていたら、その女性の愛人にはなれません。
ダンナさんと同じでは、愛人の意味がないです。
「いいんじゃない？」というダンナさんなら、愛人は要りません。
「ダメ」と言わないダンナさんとなら、いろんなことにチャレンジできます。
「浮気をしちゃダメ」
これは、一番浮気に追い込む言葉です。
ダメと言えば言うほど、相手を浮気せざるを得ない状況に追い込んでいるのです。
しちゃいけないことをしたくなるのは、それが楽しいからです。
女は、「いいんじゃない？」と言ってくれる人に、安心感を持ちます。
その人が見守ってくれそうな気がするのです。
「そんなことをしたら、ただじゃおかないぞ。おまえとは別れるぞ」

そう言う男には、安心感を持てません。

いつ、「もう知らない」と言われるかわからないからです。

そういう男は、とうてい守ってくれそうにありません。

女はそんな男たちから離れて、「近づいてはいけない」「してはいけない」ほうにいってしまうのです。

最高を目指す
ビジネスの法則

52

「警戒される男」になろう。

53

してはいけない人こそ、してあげよう。

してはいけない人は、世の中にたくさんいます。

結婚している女にとっては、合コンはめったにないチャンスです。

ところが、結婚しているというと、誰からも誘ってもらえなくなります。

若くして結婚した人は特に気の毒です。

同世代は独身で、自分は若くして結婚したという女性も、たまには合コンに呼んでもらいます。

ところが、友達が結婚していることをバラすと、男は、誘ってはいけないと思って引きます。

今までいろいろな男から誘われていた女も、結婚したとたんに連絡が途絶えます。

こんなに寂しいことはありません。

男は、女が結婚する前と後とで態度を変えてはいけません。

ほとんどの男は態度を変えます。

でも、態度を変えないだけで、貴重な存在になれます。

男は元の彼女と会うことにも抵抗を感じます。

元彼女が誰かと結婚したり、つきあっていると、男のプライドが邪魔するのです。

特に、自分をフッた女とは会おうとしません。

別れた女とごはんを食べることは、男にはできません。

女に対してダメを言う男は、自分に対してもダメが多いです。

相手に対しても厳しい男は、「結婚しているから」「彼がいるから」と、自分に対しても厳しくしてしまいます。

相手に対して甘く、自分に対しても甘くでいいのです。

そうすると、余裕が生まれます。

許せるようになります。
許すことが、最大の生命力です。
普通なら許してもらえないことを許されると、愛情を感じるのです。

最高を目指す
ビジネスの法則
53
「許されないこと」を許してあげよう。

第8章

デキる男は、いい女に遊ばれるのが本望。

54

「女のおもちゃ」になろう。

男は、「女のおもちゃになろう」と覚悟しましょう。「性欲の吐け口になろう」という覚悟を決めることです。

「女を男のおもちゃにしよう」という考え自体が、ワンパターンになっています。

子供の男は、女を自分のおもちゃにしようとします。

おもちゃで遊ぶのは、楽しみ方の初期段階です。

自分がおもちゃになり、おもちゃにされることが、大人の遊び方です。

おもちゃにされるためには、自信が要ります。

「おもちゃにするな！」と怒るのは、自信がないのです。

大人の女は、自分が好きにキスする権利と、好きなところにキスされる権利とどちらがいいかと聞かれたら、好きにキスする権利のほうを求めます。

キスしてもらうのではなく、キスする権利のほうに価値があるのです。
もちろん、されることも楽しいです。
でも、「キスする権」は希少価値があります。
自分がリードできる権利のほうが足りないのです。
女をおもちゃにしたい男はたくさんいます。
でも、みずからおもちゃになろうという男は少ないのです。

最高を目指す
ビジネスの法則

54

キスするより、キスさせてあげよう。

55

自分がマグロだと、相手もマグロになる。

ボンヤリしている男が、おもちゃになっても面白くありません。
おもちゃのほうが努力を必要とします。
どうやったら主導権をとって楽しんでもらえるかを考えなければならないのです。
受け身とマグロは違います。
マグロは、ドデッと寝て、何もしません。
受け身は、適切なリアクションをします。
女は、男のリアクションが足りないことに不満を抱いているのです。
女はリアクションできます。
でも、男は、感じて声を出すリアクションに抵抗があります。

男のリアクションはより重要です。

男のリアクションがないと、女性のエッチはうまくなりません。

ツボがわからないのです。

男も、感じたら声を出せばいいのです。

いろいろやってみれば、こういうやり方がいいということがわかってきます。

女に、どこが弱いのか、何をしてもらいたいのかと聞かれて、こうしてほしい、ここが弱いと言える男は余裕があります。

そのとおりにしてもらって、感じて、ちゃんと声を出せたら、女も、感じさせることはこんなに面白いのかというところにハマります。

男が声を出すのは、みっともないことではありません。

声を出せるのは、自信があるからなのです。

女に声を出させたければ、男も声を出してみるのです。

相手にしてほしいことは、まず自分がしてみます。

エッチの最中に「いいい？」と聞いてばかりいる男は、自分が「いい」とは言っていません。
質問ではなく、感想を述べていくのです。
エッチの最中に質問する男は、自分で感じ、自分で楽しむ感情がありません。
「いい」と言ってくれた答えを事実として残しているのです。
エッチの最中ですら、事実にこだわるのです。

最高を目指す
ビジネスの法則

55

エッチしている時は、
質問ではなく、感激を伝えよう。

56

彼女のだけでなく、自分の性感帯にも敏感になる。

男は、悲しいかな「気持ちいい」ということを把握できません。
感じたら、それを抑えなくていいのです。
女以上に男がカマトトぶることはありません。
自分の感情を解放していいのです。
自分の性感帯を語れる男は、あまりいません。
男にも、もちろん性感帯があります。
性感帯を正直に語れる男は、たいしたものです。
性器だけが、性感帯ではありません。
そもそも性感帯は、性器以外の感じやすい場所のことです。
射精した時だけ感じると思いこんでいるのが男のカマトトです。

セックスに関して遅れているのは、むしろ男です。
女がかたいのではなく、男のほうが、まだ古くさい時代に生きているのです。

最高を目指す
ビジネスの法則
56
男も「気持ちいいこと」を知ろう。

57

隣の女まで笑わせて初めて、目の前の女が笑う。

目の前にいる女を笑わせたい時は、目の前にいる女を貫いて、向こう側にいる女まで笑わせることとです。

目の前の女の、向こう側にいる女まで笑わすことができたら、目の前の女は大爆笑です。

すきやき屋さんに行ったら、すきやきをつくってくれる人まで笑わせるのです。

話をしていると、すきやきをつくっている人は、「本当ですか？」「えっ、そうだったんですか？」と話に入ってきます。

話に入ってくるのは、面白いからです。

「それでどうなったんですか？」と、仲居さんまで、わざと時間をつくって

男は、いい女に遊ばれるのが本望。

オチを聞いていきます。
そのくらいの話ができて、初めて「楽しい」のです。
僕は、タクシーに乗ったら、タクシーの運転手さんを笑わせます。
鉄板焼き屋さんなら、コックさんを笑わせます。
デートで隣のカップルの話題に引っ張られたら、負けです。
自分の会話が弱かったということです。
これはもう勝負です。
隣のカップルの女がタイプでなくても、僕は笑わせたいのです。
隣のカップルの女が笑ったら、目の前の女は間違いなく面白がってくれます。
女は、自分がハッピーな存在であることをまわりに知られたいのです。
こんな面白い人と一緒にいるとアピールすることが楽しいのです。
隣のカップルの男に負けてはいられません。
隣の話が面白ければ、自分の彼の話は聞かなくなります。
ボンヤリした男は、自分の女がなんで笑っているのか気づきません。

会話は、引きずられたら負けです。

僕の場合、隣が映画の話をしていて、こちらも映画の話を始めたら、2人の話が面白くない時です。

話しかけているわけではないのに、隣が、こちらと同じ話題を始めたら、こちらの勝ちです。

最高を目指す
ビジネスの法則

57 タクシーの運転手さんやコックさんまで、笑わせよう。

個室に入ろうとする男は、モテない。

個室に入ろうとする男は、楽しませるのがヘタです。

まわりの会話に負けてしまうので、閉じこめようとするのです。

会話に自信のある男は、まわりに人がいるほうがいいのです。

モテる男は、まわりから見られることも楽しい要素の一つだと考えるのです。

モテない男は、二人きりになることで、なんとかしようとします。

最近は、個室をつくるレストランが多くなりました。

会話力のない男は、個室に入ろうとします。

女は、大奥だろうと、ハーレムだろうと、常にお姫様状態であることを感じていたいのです。

その瞬間の満足度が100%なら、ライバルが何人いても平気です。

たとえばレストランで、特別なメニューにないデザートを注文しておきます。

その時、厨房から、みんなにバレないように運ばれてくるのではつまらないので、遠くから一周してもらいます。

まわりの人だけでなく、目の前の一緒にいる彼女にも、「なんだろう。すごーい」と思わせて、最終的に彼女のところに届くようにします。

スペシャルデザートを頼んでおいたということだけではつまらないのです。

「2周ぐらいまわってね」とお願いすることが、彼女を楽しませることになるのです。

ギャラリーは、より多くいたほうが、盛り上がります。

リムジンは、山の中で乗ってもつまらないです。

リムジンに乗ったら、サンルーフから頭を出して、街のド真ん中の、知り合いが多そうなところをウロウロしたくなります。

こんな時は、できるだけ信号でとまったりしたくなります。

これが「楽しむ」ということです。

でも、男は誰もいない山の中へ行こうとします。

お姫様気分は、無人島に流されることではないのです。

最高を目指すビジネスの法則

58

みんなの前で、お姫様にしてあげよう。

59

女のガマンしてできなかったことを、してあげよう。

僕がつきあう女性には、「彼女がガマンして、できなかったこと」をしてあげたいです。

それは1人1人いろいろあります。

なんでもいいのです。

今まではしたないこと、恥ずかしいことだと理性で抑えていたことをしてあげるのが、僕は好きです。

「今までガマンしていたことを、なんでもいいから言ってごらん」と言っても、なかなか出てきません。

ガマンしていると、何がしたかったか、忘れてしまうのです。

でも、彼女が「こんな夢を見た」と話してくれることがあります。

夢の話をするのは、設定の提案をしているのです。

「○○さんとエッチしている夢を見た」というのも、本当に夢で見ていたとしても、嫌いな人には言わないものです。

嫌いな人だったら、夢を見たことすら忘れたくなります。

夢は、女の記憶の仕方と似ています。

女性は、デートしたり、エッチすると、事実が消えて、感情が残ります。

「すごくいい夢を見たけど、どんな夢だったかな」「ヘンだけど、いい夢を見た」という感情だけが残るのです。

ある人が出ていたということだけはなんとなく覚えていても、時間がたつと、その設定も忘れてしまいます。

「ガマンして、できなかったこと」は、自分がしたいことではありません。

相手がしたいこと、諦めていること、抑えつけて忘れてしまったことを、してあげるのです。

僕の本は、どれもみんなが諦めていたことです。

ひょっとしたらできるかもしれないと思わせて、背中を押してあげたいのです。

特にエッチに関して、背中を押してあげたいです。

僕が言われてうれしい言葉は２つあります。

①「こんな人初めて」

②「そんなことも、いいの？」

「そんなこともいいんですか？」と言う時点で、もう身は乗り出しています。

「そんなこともいいんですか？」と言うと、抑えていたフタが開くのです。

だから、どんどん言ってほしいのです。

僕は、「そんなこともいいんですか？」と言われると感動します。

「そんなこともありですか」ということの中に楽しみはあります。

今まで学校で先生や親に教えられ、恋人に言われていたのは、「それはダメ」「こんなことはダメ」「そんなことはおかしい」ばかりでした。
「なんでもあり」ということを教えてくれる人はいません。
でも、本当は「なんでもあり」です。

最高を目指す
ビジネスの法則

59

「そんなことも、いいの」と言わせよう。

60

「彼がいること」と「エッチに満足していること」は違う。

彼がいても、満足しているとは限りません。

彼とエッチしていても、満足しているとは限りません。

それは男が決めてはいけないことです。

彼がいる相手から、男は、引いてはいけません。

彼女のためにしなければいけない１００のことがあるとすれば、それをしていればいいというわけではありません。

しなければいけない１００のことは、して当たり前のことにすぎません。

しなければいけない１００のことだけをやっていたら、マンネリ化します。

サービス業だったら、お客様は感動しません。

１００のところを１２０やるから、感動があるのです。

前回120やったら、その次は120以上やることです。
常に努力が要るのです。
彼はいるけど、エッチは満足していないという女は、たくさんいます。
ただでさえ男は足りないのですから、志を持った男は頑張るべきです。
人口的な男女比は一定です。
でも、満足させたり、その女性のいいところを見抜く男の数は少ないです。
そういう男になりたければ、日々修行が必要です。
責任も、どんどん重くなります。

最高を目指す
ビジネスの法則

60

「いい男は足りない」と覚悟しよう。

61

ヘナチョコ男は、経験のない女を選び、いい女は、経験のある男を選ぶ。

口説いてくる女性を「このコは遊んでいる」と解釈するのは、経験を否定しています。

「こういうの、やったことがある？」という女の質問に対して、「あるよ」と答えます。

その時の反応は2通りに分かれます。

①「えぇーっ！」と引く。

②「さすが！　なんでもやってるのね」と安心する。

安心すると、「じゃあ私もやってみようかな。お願いできる？」となります。

僕は経験を尊重するので、経験を尊重する女性とつきあいます。

いろんなことを経験している女性を「遊んでるな」と悪くとる男は、つきあう女性のグループを間違っています。

経験していない女性とつきあえばいいのです。

ほかの男と比べられたくないという気持ちがあると、究極、処女がいいという話になります。

また、そういう男は、「彼はいるの?」から始まって、根ほり葉ほり聞きます。

「彼、いるの?」は、女の「彼女いるんでしょう?」と同じです。

口説かれるような女には、たいてい彼がいます。

さらに、「彼、何やってるの?」と聞いてきます。

これではただのオヤジです。

「どういう関係?」「どこまでいったの?」は、すでに職務質問になっています。

職務質問をするタイプは、「今まで何人つきあったの？」「前の男はどうだったの？」と、どんどん聞いてきます。

でも、女は、話したかったら自分から話し始めます。

聞いてほしい話は、自分から出してきます。

職務質問する男は、「なるほど」と言いながら、女性が話したい話は一つも聞いてくれません。

調書をとるような会話は、楽しくないです。

職務質問は全部「好きな食べ物は何？」「好きなスポーツは何？」「嫌いなものは何？」と、単発です。

当然、答えも単発で終わります。

聞かれたほうも、「だから何？」となります。

「だから何？」となると、話が途切れます。

会話は、ひとつの話題がどんどんつながっていくところが楽しいのです。

データでしか相手の位置づけができないでいると、目の前の相手を感じ取ることができません。

目の前の人より、履歴書を重視してしまうのです。「どこに住んでいるの？」「学校はどこだったの？」「出身はどこ？」と聞く男は、風俗で説教をするタイプです。

「こんなことをしてて、親は知ってるの？　親は嘆くと思うよ。ダメじゃないか」と説教をしながら、「なんのためにやっているの？　お金のためでしょう」と、答えも全部自分で決めつけます。

自分の知っているパターンに相手をはめていこうとするのです。

相手を感じ取って、こんな人もいるんだということを評価をしません。「しょせん君もお金目当てなんでしょ」と決めつけることで、安心しようとするのです。

自分が今まで会ったことのない相手と出会って、ワクワクすることを避けているのです。

事実主義の人は、決めつけようとします。

話を聞いてくれないので、何を楽しんでいるかもわかってくれません。

過去のデータなど何も聞かなくても、デートはいくらでもできます。

エッチもできます。

過去のデータよりも、今、この瞬間にしているコミュニケーションを感じ取るようにすることです。

女にとっては「今・ここ・私」が、一番大切なのです。

愛は「今・ここ・私」に存在するのです。

最高を目指すビジネスの法則

61 女にも男を口説く快感を教えてあげよう。

『なぜあの人は強いのか』(東洋経済新報社)
書画集『会う人みんな神さま』(DHC)
ポストカード『会う人みんな神さま』(DHC)
『自分がブランドになる』(PARCO出版)
『なぜあの人には気品があるのか』(徳間書店)
『抱擁力』(経済界)
『贅沢なキスをしよう。』(文芸社)
『SHIHOスタイル』(ソニー・マガジンズ)
『「お金と才能」がないほど、
成功する52の方法』(リヨン社)
『「お金持ち」の時間術』(リヨン社)
『ツキを呼ぶ53の方法』(リヨン社)

〈面接の達人〉(ダイヤモンド社)

『面接の達人 バイブル版』
『面接の達人 面接・エントリーシート問題集編』

〈小説〉

『いい女だからワルを愛する』(青春出版社)

『君を、つらぬこう。』
『眠れない夜の数だけ君はキレイになる』
『一流の遊び人が成功する』

【ぜんにち出版】
『ワルの作法』
『モテるオヤジの作法2』
『かわいげのある女』
『モテるオヤジの作法』

【イースト・プレス】
『「男を口説ける男」が、女にモテる。』
『安倍晴明に学ぶ33の魔術』
『だから好き、なのに愛してる。』
『気がついたら、してた。』

【ファーストプレス】
『運とチャンスは「アウェイ」にある』

【阪急コミュニケーションズ】
『いい男をつかまえる恋愛会話力』
『サクセス&ハッピーになる50の方法』
『子供を自立させる55の方法』

【主婦の友社】
『3分でオーラが出た ～紳士編～』
『3分でオーラが出た ～淑女編～』
『運に愛されるトライ美人』
『「黄金の女性」になるマジック・ノート』
『ハッピーな女性の「恋愛力」』
『なぜあの人には、センスがあるのか。』

【ゴマブックス】
『成功する人の一見、運に見える小さな工夫』
『夢を実現するために、今すぐできる50のこと』
『「つり橋が、落ちないうちに、渡ろう。」』
『「あれ、なんで泣いてたんだっけ?」』
『「一生懸命、適当に。」』
『「幸運は、君が運んでくる。」』
『「いい男といると、元気になれる。」』
『「直球ですが、好きです。」』
『「ノー・プロブレムです。」』
『「最近、何かムチャなコトした?」』
『「トイレで笑ってる、君が好き。」』
『「人生の袋とじ」を開けよう。』
『「特別な人が、君を待っている。」』
『君は、夢の通りに歩いていける。」』

『なぜあの人は会話がつづくのか』(あさ出版)
『3分で幸せになる「小さな魔法」』(マキノ出版)
『大人になってからもう一度受けたい
コミュニケーションの授業』(アクセス・パブリッシング)
『「出る杭」な君の活かしかた』(明日香出版社)
『ボウリング場が、学校だった。』[新書]
(ベースボール・マガジン社)
『ハートフルセックス』[新書](ロングセラーズ)
『目力の鍛え方』(ソーテック社)
『お掃除デトックス』(ビジネス社)
『大人の教科書』(きこ書房)
『恋愛天使』(メディエイション・飛鳥新社)
『魔法使いが教えてくれる
結婚する人に贈る言葉』(グラフ社)
『魔法使いが教えてくれる愛されるメール』
(グラフ社)
『和田一夫さんに「元気な人生」を教えてもらう』
(中経出版)
『壁に当たるのは気モチイイ 人生もエッチも』
(サンクチュアリ出版)
『キスに始まり、キスに終わる。』(KKロングセラーズ)
『カッコイイ女の条件』(総合法令出版)
『恋愛女王』(総合法令出版)
『本当の生きる力をつける本』(幻冬舎)
『あなたが変わる自分アピール術』(幻冬舎)
『遊び上手が成功する』(廣済堂文庫)
『元気な心と体で成功を呼びこむ』(廣済堂文庫)
『成功する人しない人』(廣済堂文庫)
『女々しい男で いいじゃないか。』
(メディアファクトリー)
『なぜあの人はタフなのか』(東洋経済新報社)

『スピード開運術』
『破壊から始めよう』
『失敗を楽しもう』
『20代自分らしく生きる45の方法』
『ケンカに勝つ60の方法』
『受験の達人』
『お金は使えば使うほど増える』
『自分のためにもっとお金を使おう』
『ピンチを楽しもう』
『本当の自分に出会える101の言葉』
『大人になる前にしなければならない50のこと』
『自分で思うほどダメじゃない』
『人を許すことで人は許される』
『人は短所で愛される』
『会社で教えてくれない50のこと』
『学校で教えてくれない50のこと』
『あなたは人生に愛されている』
『あなたの出会いはすべて正しい』
『大学時代しなければならない50のこと』
『大学時代出会わなければならない50人』
『昨日までの自分に別れを告げる』
『人生は成功するようにできている』
『あなたに起こることはすべて正しい』
『不器用な人ほど成功する』

【PHP研究所】
『高校時代にしておく50のこと』
『中学時代にしておく50のこと』
『お金持ちは、お札の向きがそろっている。』
『明日いいことが起こる夜の習慣』
『何もいいことがなかった日に読む本』

【PHP文庫】
『お金持ちは、お札の向きがそろっている。』
『たった3分で愛される人になる』
『たった3分で見ちがえる人になる』
『右脳で行動できる人が成功する』
『自分で考える人が成功する』
『大人の友達を作ろう。』
『「大人の女」のマナー』

『大学時代しなければならない50のこと』
『なぜ彼女にオーラを感じるのか』

【三笠書房・知的生きかた文庫/王様文庫】
『読むだけで気持ちが楽になる88のヒント』
『120%人に好かれる! ハッピー・ルール』
『自分に自信をつける50のヒント』
『29歳からの「一人時間」の楽しみかた』
『25歳からの「いい女」の時間割』
『僕が君に魅かれる理由』

【説話社】
『あなたにはツキがある』
『占いで運命を変えることができる』

【大和書房】
『初めての、恋のしかた』
『「17歳力」のある人が、成功する。』
『大人の男を口説く方法』
『ちょっとした工夫で、人生は変わる。』
『1週間で「新しい自分」になる。』
『「大人の男」に愛される恋愛マナー』
『女から口説く101の恋愛会話』
『男は女で修行する。』

【だいわ文庫】
『男は女で修行する。』
『いい女練習帳』

【KKベストセラーズ】
『会話の達人』
『「運命の3分」で、成功する。』
『チャンスは目の前にある』
『30歳からの男の修行』
『誰も教えてくれなかった
大人のルール恋愛編』
『誰も教えてくれなかった大人のルール』
『「ほめる」「あやまる」「感謝する」で
すべてうまく行く』
『オンリーワンになる勉強法』

『技術の鉄人 現場の達人』
『情報王』
『昨日と違う自分になる「学習力」』

【サンマーク文庫】
『時間塾』『企画塾』『情報塾』『交渉塾』
『人脈塾』『成功塾』『自分塾』

【ぜんにち出版】
『富裕層ビジネス 成功の秘訣』
『リーダーの条件』

『成功する人の一見、運に見える小さな工夫』
（ゴマブックス）
『オンリーワンになろう』（総合法令出版）
『転職先はわたしの会社』（サンクチュアリ出版）
『なぜあの人は楽しみながら儲かるのか』
（ぶんか社）
図解『右脳を使えば、すごいスピードで
本が読める。』（イースト・プレス）
マンガ『ここまでは誰でもやる』（たちばな出版）
『自分リストラ術 やりたいこと再発見』（幻冬舎）
『人を動かすコトバ』（実業之日本社）
『あと「ひとこと」の英会話』（DHC）
『デジタルマナーの達人』（小学館）
『なぜあの人は楽しみながら儲かるのか』
（ぶんか社文庫）
『人脈より人望のある人が成功する』
（KKベストセラーズ）
『オンリーワンになる仕事術』（KKベストセラーズ）
『サービスの達人』（東洋経済新報社）
『復活して成功する57の方法』（三一書房）
『子どもの一生を決める
46の言葉のプレゼント』（リヨン社）

〈恋愛論・人生論〉

【中谷彰宏事務所】
『リーダーの星』
『楽しい人生より、人生の楽しみ方を見つけよう。』
『運命の人は、一人の時に現れる。』
『ヒラメキを、即、行動に移そう。』
『徹底的に愛するから、一生続く。』
『断られた人が、夢を実現する。』
『「あげまん」になる36の方法』

【ダイヤモンド社】
『なぜあの人は勉強が続くのか』
『25歳までにしなければならない59のこと』
『大人のマナー』
『あなたが「あなた」を超えるとき』
『中谷彰宏金言集』
『「キレない力」を作る50の方法』
『お金は、後からついてくる。』
『中谷彰宏名言集』
『30代で出会わなければならない50人』
『20代で出会わなければならない50人』
『あせらず、止まらず、退かず。』
『「人間力」で、運が開ける。』
『明日がワクワクする50の方法』
『なぜあの人は10歳若く見えるのか』
『テンションを上げる45の方法』
『成功体質になる50の方法』
『運のいい人に好かれる50の方法』
『本番力を高める57の方法』
『運が開ける勉強法』
『ラスト3分に強くなる50の方法』
『できる人ほど、よく眠る。』
『答えは、自分の中にある。』
『思い出した夢は、実現する。』
『習い事で生まれ変わる42の方法』
『30代で差がつく50の勉強法』
『面白くなければカッコよくない』
『たった一言で生まれ変わる』
『なぜあの人は集中力があるのか』
『なぜあの人は人の心が読めるのか』
『健康になる家 病気になる家』
『泥棒がねらう家 泥棒が避ける家』
『スピード自己実現』

『大人のスピード仕事術』
『スピード人脈術』
『スピードサービス』
『スピード成功の方程式』
『スピードリーダーシップ』
『大人のスピード勉強法』
『今やるか一生やらないか』
『人を喜ばせるために生まれてきた』
『一日に24時間もあるじゃないか』
『もう「できません」とは言わない』
『出会いにひとつのムダもない』
『お客様が私の先生です』
『今からお会いしましょう』
『お客様がお客様を連れて来る』
『お客様にしなければならない50のこと』
『30代でしなければならない50のこと』
『20代でしなければならない50のこと』
『独立するためにしなければならない50のこと』
『なぜあの人の話に納得してしまうのか』
『なぜあの人は気がきくのか』
『なぜあの人は困った人とつきあえるのか』
『なぜあの人はお客さんに好かれるのか』
『なぜあの人はいつも元気なのか』
『なぜあの人は時間を創り出せるのか』
『なぜあの人は運が強いのか』
『なぜあの人にまた会いたくなるのか』
『なぜあの人はプレッシャーに強いのか』

【ファーストプレス】
『「超一流」の会話術』
『「超一流」の分析力』
『「超一流」の構想術』
『「超一流」の整理術』
『「超一流」の時間術』
『「超一流」の行動術』
『「超一流」の勉強法』
『「超一流」の仕事術』

【PHP研究所】
『仕事の極め方』
『オヤジにならない60のビジネスマナー［愛蔵版］』
『［図解］「できる人」のスピード整理術』
『［図解］「できる人」の10倍速い仕事術』
『［図解］決定版! 30代を最高に生きるヒント』
『明日は、もっとうまくいく。』
『［図解］「できる人」の時間活用ノート』
『［図説］入社3年目までに勝負がつく75の法則』

【PHP文庫】
『中谷彰宏 仕事を熱くする言葉』
『スピード整理術』
『あなたが動けば、人は動く』
『成功する大人の頭の使い方』
『入社3年目までに勝負がつく77の法則』

【三笠書房】
『［最強版］あなたのお客さんになりたい!』

【三笠書房・知的生きかた文庫/王様文庫】
『お金で苦労する人しない人』

【オータパブリケイションズ】
『せつないサービスを、胸きゅんサービスに変える』
『ホテルのとんがりマーケティング』
『レストラン王になろう2』
『改革王になろう』
『私をホテルに連れてって』
『サービス王になろう2』
『サービス刑事』
『レストラン王になろう』
『ホテル王になろう』

【ビジネス社】
『あなたを成功に導く「表情力」』
『幸せな大金持ち 不幸せな小金持ち』
『大金持ちになれる人 小金持ちで終わる人』
『右脳でオンリーワンになる50の方法』

中谷彰宏　主な著作リスト

[中谷彰宏の主な作品一覧]

〈ビジネス〉

【ダイヤモンド社】
『なぜあの人は仕事ができるのか』
『なぜあの人は整理がうまいのか』
『なぜあの人はいつもやる気があるのか』
『なぜあのリーダーに人はついていくのか』
『なぜあの人は人前で話すのがうまいのか』
『プラス1%の企画力』
『こんな上司に叱られたい。』
『フォローの達人』
『女性に尊敬されるリーダーが、成功する。』
『就活時代しなければならない50のこと』
『お客様を育てるサービス』
『あの人の下なら、「やる気」が出る。』
『なくてはならない人になる』
『人のために何ができるか』
『キャパのある人が、成功する。』
『時間をプレゼントする人が、成功する。』
『会議をなくせば、速くなる。』
『ターニングポイントに立つ君に』
『空気を読める人が、成功する。』
『整理力を高める50の方法』
『迷いを断ち切る50の方法』
『初対面で好かれる60の話し方』
『運が開ける接客術』
『バランス力のある人が、成功する。』
『映画力のある人が、成功する。』
『逆転力を高める50の方法』
『40代でしなければならない50のこと』
『最初の3年その他大勢から抜け出す
50の方法』
『ドタン場に強くなる50の方法』
『いい質問は、人を動かす。』
『アイデアが止まらなくなる50の方法』
『メンタル力で逆転する50の方法』
『君はこのままでは終わらない』
『30歳までに成功する50の方法』
『なぜあの人はお金持ちになるのか』
『成功する人の話し方』
『短くて説得力のある文章の書き方』
『超高速右脳読書法』
『なぜあの人は壁を突破できるのか』
『自分力を高めるヒント』
『なぜあの人はストレスに強いのか』
『なぜあの人は部下をイキイキさせるのか』
『なぜあの人はリーダーシップがあるのか』
『なぜあの人は落ち込まないのか』
『20代で差がつく50の勉強法』
『なぜあの人は仕事が速いのか』
『スピード問題解決』
『スピード危機管理』
『スピード決断術』
『スピード情報術』
『スピード顧客満足』
『一流の勉強術』
『スピード意識改革』
『アメリカ人にはできない技術
日本人だからできる技術』
『お客様のファンになろう』
『成功するためにしなければならない80のこと』
『大人のスピード時間術』
『成功の方程式』
『なぜあの人は問題解決がうまいのか』
『しびれる仕事をしよう』
『大人のスピード思考法』
『「アホ」になれる人が成功する』
『しびれるサービス』
『ネットで勝つ』
『大人のスピード説得術』
『お客様に学ぶサービス勉強法』
『eに賭ける』

本作品は、二〇〇三年五月に当社より刊行されました。

■本の感想など、どんなことでも、
あなたからのお手紙をお待ちしております。
僕は、本気で読みます。　　　　　中谷彰宏

〒112-0014　東京都文京区関口1-33-4
大和書房　編集部気付　　中谷彰宏　行
＊食品、現金、切手などの同封は、ご遠慮ください。（編集部）

■中谷彰宏＊ホームページ　http://www.an-web.com/
モバイル　http://www.an-web.com/mobile/

QRコードの読み取りに対応したカメラ付き携帯電話で左のマークを読み取ると、中谷彰宏ホームページのモバイル版にアクセスできます。対応機種・操作方法は取扱説明書をご覧ください。

QRコードの読み取りに対応したカメラ付き携帯電話で左のマークを読み取ると、NTTドコモ、au、ソフトバンクなどのキャリア3社の公式サイト、【中谷彰宏を読む　モバイル中谷塾】にアクセスできます。対応機種・操作方法は取扱説明書をご覧ください。

視覚障害その他の理由で活字のままでこの本を利用することができない人のために、営利を目的をする場合を除き「録音図書」「点字図書」「拡大写本」等の製作をすることを認めます。その際は著作権者、または、出版社までご連絡ください。

中谷彰宏は、盲導犬育成事業に賛同し、この本の印税の一部を、(財) 日本盲導犬協会に寄付しています。

中谷彰宏（なかたに・あきひろ）
一九五九年四月十四日、大阪生まれ。早稲田大学第一文学部演劇科卒。博報堂に入社し、CMプランナーとして、テレビ、ラジオ、CMの企画・演出をする。九一年、独立し、（株）中谷彰宏事務所設立。中谷塾を主宰し、全国で、講演・ワークショップ活動を行なっている。
中谷彰宏公式ホームページ
http://www.an-web.com/
モバイル
http://www.an-web.com/mobile/

だいわ文庫

「女《おんな》を楽《たの》しませる」ことが男《おとこ》の最高《さいこう》の仕事《しごと》。
さらにビジネス運《うん》を上げる61の法則《ほうそく》

著者　中谷彰宏《なかたにあきひろ》

二〇一一年一月一五日第一刷発行

発行者　佐藤 靖
発行所　大和《だいわ》書房
東京都文京区関口一−三三−四 〒一一二−〇〇一四
電話 〇三−三二〇三−四五一一
振替 〇〇一六〇−九−六四二二七
装幀者　鈴木成一デザイン室
本文デザイン　小口翔平（FUKUDA DESIGN）
本文印刷　シナノ
カバー印刷　山一印刷
製本　小泉製本

ISBN978-4-479-30321-3
乱丁本・落丁本はお取り替えいたします。
http://www.daiwashobo.co.jp

だいわ文庫の好評既刊

本田健
ユダヤ人大富豪の教え
幸せな金持ちになる17の秘訣
「お金の話なのに泣けた！」「この本を読んだ日から人生が変わった！」……。アメリカ人の老富豪と日本人青年の出会いと成長の物語。
680円
8-1 G

*本田健
20代にしておきたい17のこと
『ユダヤ人大富豪の教え』の著者が教える、20代にしておきたい大切なこと。これからの人生を豊かに、幸せに生きるための指南書。
600円
8-6 G

加藤諦三
自信と劣等感の心理学
誰もが自信を持って生きられ、どんな劣等感でも解消できる！　嫌なことをやり過ごすコツ、つらい時こそ前向きに生きる方法がわかる！
600円
29-6 B

斎藤茂太
グズをなおせば人生はうまくいく
ついつい〝先のばし〟する損な人たち
「心の名医」モタさんが、グズで災いや損を招かないための脱却法を伝授！　これで人間関係も好転、時間不足も解消、気分も爽快！
580円
11-1 B

三田紀房
個性を捨てろ！型にはまれ！
ラクして結果を出したいと思うヤツは必ず成功する！　人気漫画『ドラゴン桜』『エンゼルバンク』の著者が教える人生必勝の方法！
580円
142-1 G

香山リカ
働く女の胸のウチ
不況、就職難、少子化、婚活。女性をめぐるハヤリ言葉は多数あれど現実は？「働く女」を取り巻く環境をリアルに説く本。
580円
164-1 G

*印は書き下ろし

定価は税込み（5%）です。定価は変更することがあります。

だいわ文庫の好評既刊

中谷彰宏
男は女で修行する。
ビジネス運を上げる60の法則
女は、デキる男を見極める。女は、男の価値を試す。女から学んで、男をあげよう。そうすれば、自然とビジネス運も上がる！
600円
135-1G

中谷彰宏
いい女練習帳
恋愛運を上げる43の方法
いい女はつまらない男と食事をせず、自分から口説ける。うまくいかない恋に悩むあなたへ、女を磨くための43のアドバイス。
600円
135-2D

内藤誼人
「人たらし」のブラック心理術
初対面で100%好感を持たせる方法
会う人〝すべて〟があなたのファンになる、「秘密の心理トリック」教えます！　カリスマ心理学者の大ベストセラー、遂に文庫化！
580円
113-1 B

和田裕美
和田裕美の人に好かれる話し方
愛されキャラで人生が変わる！
世界No.2のセールスレディーが明かす究極のコミュニケーション会話術。話すより聞くのが会話の第一歩。もう話すのは怖くない！
600円
97-1 E

角川いつか
成功する男はみな、非情である。
政財界やマスコミに多くの人脈をもつ著者が目撃してきた知られざる「大物」の論理と行動。ホンモノの男はここまで冷徹になれる！
680円
86-1 D

日垣隆
ラクをしないと成果は出ない
仕事の鉄則100
今年こそ仕事のやり方を変えよう！　「やるべきこと」を圧縮し、「やりたいこと」を拡大する100のアイデア。
680円
158-1 G

＊印は書き下ろし

定価は税込み（5%）です。定価は変更することがあります。